kosmos

Otto von Frisch

Mein Hund Schani

Otto von Frisch

Mein Hund Schani

Eine Liebeserklärung

Franckh-Kosmos

Mit Zeichnungen und einer Vignette des Verfassers.

Umschlaggestaltung von Atelier Reichert, Stuttgart, unter Verwendung einer Zeichnung und zweier Fotos des Verfassers.

Meinen Schwestern gewidmet

Die Deutsche Bibliothek – CIP-Einheitsaufnahme

Frisch, Otto von:
Mein Hund Schani : eine Liebeserklärung / Otto von Frisch. –
Stuttgart : Franckh-Kosmos, 1996
ISBN 3-440-07076-X

ISBN 3-440-07076-X
Lektorat: Angela Wolf
Herstellung: Lilo Pabel
Printed in Czech Republik/Imprimé en République tchèque
Satz: Steffen Hahn GmbH, Kornwestheim
Druck und buchbinderische Verarbeitung:
Finidr, s. r. o., Cesky Tesin

Inhalt

1
Ein Hund in meinem Kopf

Seit meinem dreizehnten Geburtstag hatten stets Hunde mein Leben begleitet. Jetzt war ich über fünfzig und auf einmal hundelos.

Ich war vom Land in die Stadt gezogen, heiratete wieder und wohnte mit meiner Frau zunächst in einem kleinen, aber gemütlichen Dreizimmer-Appartement. Und bildete mir ein, das wäre für einen Hund zu eng, ganz abgesehen davon, daß eine Stadt für einen Hund keine gute Umgebung sei.

Das ging einige Monate ganz gut, aber dann bemerkte ich bei abendlichen Spaziergängen am Stadtrand und in den Parkanlagen eine ganze Menge Hunde, die offenbar höchst fröhlich mit ihren Besitzern herumliefen. Ich bemerkte das zunächst gewissermaßen nur unscharf und ohne daß meine Gedanken zum Thema Hund irgendwo Fuß faßten.

Ich stellte auch fest, daß die Hundebesitzer selbst ebenso vergnügt zu sein schienen wie ihre vierbeinigen Begleiter und sich offenbar blendender Gesundheit erfreuten. Sie kamen ja sicher auch dreimal täglich an die frische Luft, während ich inzwischen mehr in der Stube hockte, las und schrieb oder geistesabwesend in den Fernseher starrte. Führte ich vielleicht ein Hundeleben ohne Hund?

Irgendwann muß sich ein Samenkorn in meinem Inneren festgesetzt haben, das als Keim das genetische

Merkmal »Hund« in sich barg. Und dieser Keimling wuchs, da ließ sich gar nichts dagegen unternehmen. Auch wenn ich versuchte, das Pflänzchen auszutrocknen.

Was willst du denn wieder mit einem Hund, redete ich mir ein, da bist du angehängt rund um die Uhr, das Reisen wird schwieriger, jedes längere Fortbleiben von der Wohnung überhaupt. Also, was soll's?

Gleichzeitig erwischte ich mich dabei, daß ich die Hunde, die mir begegneten, daraufhin prüfte, ob sie mir von Größe, Gestalt und Farbe her gefallen würden. Ich wog die eine Rasse gegen die andere ab, meine Augen blieben auch wohlgefällig an manchem hübschen Mischling hängen.

Nein, sagte ich mir noch einmal, ein Hund macht Arbeit, und Dreck macht er auch. Du mußt dir jeden Schritt überlegen mit einem Hund an deiner Seite. Der will vielleicht auch noch spät abends oder mitten in der Nacht hinaus, und da stehst du dann im Winter und frierst oder wartest pitschnaß im Regen, bis dein Hund sein Geschäft erledigt hat. Claudia mag zwar Tiere, ging es mir auch durch den Kopf, aber mit dem Dreck, den ein Hund macht, hat sie sicher nicht viel im Sinn. Und wenn schon, dann sollte es ja ein junger Hund sein – vorsichtig, ihr Gedankensprünge –, und den muß man erst einmal stubenrein bekommen, muß ihn erziehen. Du *mußt* dann wieder!

Kaum hatte ich mir das gesagt, liefen mir die Gedanken schon aus dem Ruder. Radfahren zum Beispiel, mit einem Hund an der Seite, das war viel lustiger, als alleine durch den Wald zu strampeln. Spazierengehen sowieso. Einfach so für sich durch die Gegend zu stapfen war idiotisch. Da ließ ich mich lieber von einem noch viel idiotischeren Fernsehprogramm einlullen. Das tat aber meiner Gesundheit und meinen Augen überhaupt nicht gut.

Es riß mich hin und her.

Dann kam der Winter, der kein Winter wurde, sondern aus Regen, Matsch und kaltem Wind bestand. Alle Hunde sahen aus wie nasse Lappen, das Wasser tropfte ihnen von Ohren, Schwanz und Bauch. Ihre Begleiter machten lange und unzufriedene Gesichter und wollten alle nur schnell wieder nach Hause. Aber die Hunde brauchten ihren Auslauf und ihre Wiese fürs Geschäft. Da war ich recht froh ohne Hund.

Was in mir herangewachsen war, schrumpfte zusammen und dorrte vor sich hin. Das war ja auch richtig im Winter. Nur folgte prompt das Frühjahr.

Die Hunde draußen wurden wieder sauber und schier, die Frauchen und Herrchen wieder fröhlich. Sie blieben immer länger im Freien, genossen die ersten warmen Sonnenstrahlen und strahlten selbst dabei.

Da wuchs es wieder und umschlang mich mit Macht.

Eines Tages fuhr ich ins Tierheim und schlenderte an den Zwingern entlang. Es bellte kräftig aus allen Ecken, aber ich fand nichts, was mich begeistert hätte. Ich kannte den Heimleiter und sagte ihm, daß ich auf der Suche nach einem jungen Hund sei, vielleicht, und wenn er etwas hereinbekomme, solle er sich melden. Das tat er nicht, wahrscheinlich weil ich meinen Wunschhund beschrieben hatte, und so etwas gab es nicht.

Also ging auch das Frühjahr vorbei, und ich war noch immer hundelos. Und noch immer hatte ich nicht mit meiner Frau gesprochen. Warum denn auch, das konnte geschehen, wenn erst ein Hund in Aussicht stand. Warum einen schlafenden Leu wecken ohne Grund.

2
Begegnung in Wien

Im Juni mußte meine Tochter Barbara für einige Tage nach Wien, um dort an einer Modeschule, die sie für die nächsten Jahre besuchen wollte, ihre Aufnahmeprüfung zu machen. Sie war etwas aufgeregt, denn wie man hörte, wurde bei dieser Prüfung einiges verlangt, und von den vielen jungen Damen und Herren, die sich jährlich anmeldeten, bestand nur ein Teil.

In Wien hatte ich eine Menge Verwandtschaft, die ich der Reihe nach überdachte, bis ich mit dem Hintergedanken, für einige Tage um Aufnahme ins Haus und Gastfreundschaft zu bitten, bei Rosinchen hängenblieb.

Rosinchen war eine Cousine von mir, die eigentlich schlicht und einfach Ute hieß. Für mich war sie seit meiner Kinderzeit das Rosinchen, und das aus einem sehr einfachen Grund. Ich mochte etwa drei Jahre alt gewesen sein, als sich mein Weg mit dem der etwas älteren Cousine zum erstenmal kreuzte. Entweder ihre oder auch meine Eltern mußten bei dieser Gelegenheit etwa gesagt haben: »Jetzt begrüß mal deine Cousine«, und ich hatte mit dem Wort Cousine überhaupt nichts anfangen können. Was Rosinen waren, wußte ich dagegen sehr wohl. Vermutlich sah das kleine Ding damals sehr niedlich aus, süß halt, was ebenfalls zu Rosinen paßte, und seither blieb Cousine Ute mein Rosinchen.

Ich rief sie an, sie hatte das Haus halb leer, ihre erwachsenen Kinder waren ausgeflogen, sie freute sich auf uns, wir sollten kommen und könnten bleiben, solange wir Lust hätten. Im Garten sei es zur Zeit herrlich, im Wienerwald auch, wir könnten schöne Spaziergänge machen, worüber sich auch ihr Hund freuen würde.

Sie hatte also auch einen Hund. Na ja, warum auch nicht? Das Haus mußte etwas abseits liegen, und da ist ein Hund als Bewacher immer von Vorteil.

Nun stand meinem im Stillen schon gereiften Entschluß, Barbara nach Wien zu begleiten, nichts mehr im Wege. Ich hatte noch ein paar Tage Urlaub zu vertrödeln, und meinem Töchterchen konnte väterlicher Beistand in den Prüfungstagen nur guttun. Sie freute sich dann auch, daß ich mitkam oder vielmehr sie in meinem Wagen mitnahm, was ihr zugleich auch die lange Bahnfahrt ersparte.

Mir selbst würde eine Abwechslung auch nicht schlecht bekommen, kannte ich doch Wien und seine Umgebung kaum.

Claudia, die längst von meinem Plan wußte, schien auch nichts dagegen zu haben, daß ich mich für kurze Zeit absetzte, und fand es völlig in Ordnung, daß ich Barbara nicht alleine in diese Prüfungstage ziehen ließ. So kam schließlich der Tag, an dem es losgehen sollte.

Wir setzten uns ins Auto und machten uns an einem schönen Vorsommertag auf den Weg nach Süden. Die durchgehende Autobahn Regensburg – Wien war noch nicht fertig, und so genossen wir die Fahrt entlang der Donau, am Kloster Melk vorbei und dann durch den Wienerwald hinein in die Stadt. Das heißt, so richtig hinein mußten wir nicht, denn meine Cousine wohnte mit ihrer Familie am Stadtrand in einer recht ländlichen Gegend.

Nach gut zehn Stunden Fahrt hatten wir es geschafft, fanden nach der guten Beschreibung bald das Haus, das ehemals eine Art von Schlößchen gewesen sein mußte, stiegen mit etwas steifen Beinen aus dem Wagen und läuteten an der Haustür.

Cousine Rosine öffnete, strahlend und gut gelaunt wie immer, und an ihren Beinen vorbei drängelte uns ihre Hündin entgegen. Sie schien so etwas Ähnliches zu sein wie ein Leonberger, besaß ein im wesentlichen fahlbraunes langhaariges Fell mit einigen dunkleren Stellen darin, war sehr freundlich und wedelte kräftig mit dem Schwanz. Sie war nicht eben klein, riesengroß jedoch auch nicht. Irgendwie so zwischen Bernhardiner und Schäferhund.

Nach der ausgiebigen Begrüßung auf der Straße traten wir durch die Haustür in einen geräumigen Flur, die Hündin schnupperte Barbara und mich gründlich ab und tanzte um uns herum. Rosine deutete mit einer weitausholenden Armbewegung nach links und sagte: »Und das sind ihre Kinder!«

Ich drehte mich um, sah eine Türöffnung und dahinter ein großes Zimmer mit allerlei Möbeln und Kram, eine Abstellkammer oder etwas dergleichen. Die Türöffnung war durch ein vielleicht 60 cm hohes Brett versperrt, und über diese Barriere hingen die Vorderpfoten von vier Welpen, deren Köpfe, und nur diese waren außer den Pfoten zu sehen, uns zugewandt waren.

Ich hatte nicht gewußt, daß Rosinchens Hündin Junge hatte, und war überrascht. Außerdem ist der Anblick von wenigen Wochen alten Welpen, ziemlich egal welchen Schlages, immer etwas Umwerfendes. Den rundlichen Köpfen junger Hunde, die das Kindchenschema perfekt wiedergeben, konnte ich noch nie widerstehen.

Barbara sagte auch sofort: »Ach, sind die süß«, was natürlich stimmte, aber etwas naiv klang, während sich meine Augen auf eines der Köpfchen konzentrierten. Fasziniert starrte ich da auf etwas, das mir bekannt vorkam, das mich verflixt an etwas ganz Bestimmtes erinnerte. Ich riß meinen Blick noch einmal los und überflog die anderen drei Köpfe. Zwei davon waren mehr oder weniger schwarz, einer ganz semmelblond und wuschelhaarig. Zurück zu dem, der mich in seinen Bann geschlagen hatte: auch hier semmelblonde Schnauze und Wangen, drei dunkle Knöpfe darin, die Augen und die Nase. Und über den Augen eine dunkle Kappe, in einem schön geschwungenen Bogen von den kleinen Schlappohren kommend und spitz auslaufend zum Nasenrücken hin.

Wie bei einer Mickymaus.

Wie bei ...

»Babsi, schau doch mal«, sagte ich jetzt, »der da schaut doch aus wie Claudia. Claudia hat genauso einen Haaransatz auf der Stirn mit so einem spitzen Mickymauszipfel!«

Den Hund mußte ich haben. Wollte ich haben. Wenn überhaupt wieder ein Hund, dann dieser. Das konnte kein Zufall sein, daß ich hier in Wien, tausend Kilometer entfernt von zu Hause, auf einen jungen Hund traf, der so aussah wie meine Holde, oder wenigstens doch ansatzweise. Das war Schicksal, Fügung, was weiß ich.

Rosinchen bekam überhaupt nicht mit, was in mir vorging. Sie kannte die Meinige noch nicht. Ich erklärte es ihr, und sie lachte. »Nimm ihn mit, er ist noch nicht vergeben!«

Nimm *ihn* mit, hatte sie gesagt. Also war's ein Rüde. Bisher waren alle meine Hunde weiblichen Geschlechts gewesen, ohne daß ich heute sagen könnte, warum. Möglicherweise ging das auf die tief in meinem Innern schlummernden Zuchtinstinkte zurück. Ich mochte immer schon Tiere haben, die zumindest die Möglichkeit in sich bargen, sich heftig zu vermehren. Vielleicht bildete ich mir auch bisher ein, Hündinnen seien leichter zu erziehen und zu führen und beteten mich als ihr Herrchen mehr an, als das ein Rüde tun würde. Jedenfalls hatte ich noch nie einen männlichen Hund gehabt.

Das war mir jetzt völlig gleichgültig. Ich hätte einen Zwitter angebetet, mit solch einer Kopfkappe.

Ich war total durcheinander, und mein Gefühlsleben geriet in Wallung. Zum Glück dirigierte uns Rosinchen erst einmal von der Hundegesellschaft weg in unsere Zimmer und anschließend zu einem köstlichen Abendessen, das sich, dank guten Weines, bis tief in den Abend zog und mich weiterer Entscheidungen zunächst enthob.

Nur vor dem Einschlafen kreuzten dann doch noch einmal Hundegedanken durch mein weinseliges Hirn. Die vier waren mit Sicherheit Mischlinge. Es konnte ja nicht anders sein, bei dem Gemisch aus Schwarz und Semmelblond. Schon die Mutter dürfte das Zeugnis der Reinrassigkeit kaum besitzen. Da würde ich anderntags einmal nachfragen. Aber wenn schon, es wäre nicht der erste Mischling, den ich mir zum Wegbegleiter nahm. Heidi, mein allererster Hund, eine Dackeldame, war aus einem Rauhaardackel und einer glatthaarigen Dackelhündin hervorgegangen. Gut, immerhin noch Dackel gegen Dackel. Dann kam Sitta, die ich mir nach meinem Abitur gönnte und erstand. In Nymphenburg traf ich sie. Sie saß auf dem Gehsteig und blickte mir treuherzig nach, als ich mit dem Rad vorbeifuhr. Auch sie war semmelblond gewesen, mit drei schwarzen Knöpfen im Gesicht, und eine waschechte Münchner Straßenmischung.

Fünf Mark bezahlte ich für sie, drückte das Geld einem etwas zweifelhaft aussehenden Herrn in die Hand, steckte die Kleine unter meinen Mantel und behielt sie vierzehn Jahre lang. Irgendwelche negativen Eigenschaften kamen während der langen Zeit nicht zum Vorschein.

Und dann, viel später, kam Imme. Eine bildhübsche Deutsch-Langhaar-Hündin mit einem guten Schuß Irisch-Setter-Blut in den Adern. Sie war der Hund aller meiner Hunde.

Außerdem kannte ich genügend Mischlingshunde, deren diverse Ahnen beim besten Willen nicht mehr rekonstruierbar waren und die, was Gesundheit und Charakter betraf, mit jedem reinrassigen Vertreter ohne weiteres mithalten konnten. Eher waren sie da noch besser.

Allein vom ästhetischen Standpunkt stellte ich allerdings gewisse Anforderungen an meine Hunde. Deformierte Schnauzen – nein! Stummelschwänze – höchstens bei Cockern. Farbe möglichst natürlich, also am liebsten Braun in allen Tönen. Schwarze, große Hunde erinnern mich zu sehr an Höllenhunde, gefleckte an Punkteschweine, weiße an Bettvorleger. Und natürlich muß der Körperbau proportionalen Regeln standhalten können. Man mag ja einen Schäferhundkörper auf Dackelbeinen eine Zeitlang ganz lustig finden, aber auf die Dauer?

Ob das Fell lang oder kurz ist, war mir bisher nicht

so wichtig. Eine gewisse Pflegeleichtigkeit sollte ihm aber nicht abzusprechen sein. Ich frage mich schon manchmal, wieviel Zeit es wohl in Anspruch nehmen mag, diese zottigen kleineren oder größeren Ungetüme sauber und trocken zu bekommen, wenn man mit ihnen nach einem Spaziergang durch Regen und Matsch nach Hause zurückkehrt. Oder dürfen sie Nässe und Schmutz einfach in der Wohnung abbeuteln? Dann kann die Wohnung nicht lange wohnlich bleiben.

Ganz sicher kann man sich nie sein, was letztlich aus einem Welpen wird, der gerade ein paar Wochen auf der Welt ist. Aber erahnen läßt es sich schon. Wenn bei einem Welpen die Proportionen stimmen, wird das auch später ziemlich so bleiben. Die Farbe wechselt er sowieso nicht. Der Schwanz fällt auch nicht von alleine ab. Mit den Ohren hat es allerdings manchmal seinen Haken. Sie können beim Welpen im Verhältnis zum Kopf zum Beispiel herrlich große Schlappohren sein und dann, im Laufe des Heranwachsens, proportional zur Größe des Kopfes hinterherbleiben. Aber erstens gewöhnt man sich ganz allmählich an solche Veränderungen – sie finden ja nicht von heute auf morgen statt –, und zweitens bergen sie eine gewisse Art von Überraschung in sich, ohne die das Wachsen und Werden eines Hundes manchen Reiz verlöre.

Beim ersten kräftigen Amsellied im Garten vor meinem Fenster wurde ich wach. Es war früher Morgen, im Hause rührte sich noch nichts. Ich fuhr in Hemd und Hose und ging leise die Treppen hinunter, um der Hundefamilie einen ungestörten Besuch abzustatten.

Mutter Leonberger, wahrscheinlich, begrüßte mich von einem ausgedienten Sofa herab mit lässigem Schwanzwedeln. Das war ganz offensichtlich ihr Refugium, auf das sie sich zurückzog, wenn sie vor ihren Kindern Ruhe haben wollte. Die kamen dort noch nicht hinauf. Sie schliefen jetzt, zu einem Knäuel verschlungen, in ihrem Lager aus Decken, Stroh und allerlei Krimskrams, den sie sich hineingetragen hatten.

Ich hockte mich vor das Brett, das die Tür abschloß, und sagte leise: »Guten Morgen, ihr Möpse!«

Ein schwarzes Schwänzchen zuckte. Ein braunes Schlappohr ging um einen Zentimeter in die Höhe. Einige dunkle Augenknöpfe blinzelten noch etwas schielend aus verschlafenen Lidern. Irgendwo ging ein Mäulchen auf und gähnte herzhaft.

Nachdem ich noch ein paar Worte in Richtung Welpenburg geschickt hatte, kam Leben in den Haufen. Die vier rappelten sich auf, gähnten, dehnten und streckten sich alle zusammen und liefen dann tapsig zu mir her, um, wie am Abend zuvor, die Vorderpfoten über das Brett zu hängen und mich schwänzchenwedelnd und japsend zu begrüßen.

Ich betrachtete mir die Gesellschaft nun zum erstenmal genauer. Es gab zwei mehr oder weniger Schwarze und zwei Semmelblond-Braune, was ich ja am Abend zuvor schon bemerkt hatte. Aber jeweils ein schwarzer und ein brauner Welpe hatten wuscheliges, ziemlich langes Fell, die anderen beiden ein kurzes, glattes. Dazu gehörte der, auf den ich mein Auge geworfen hatte.

Erinnerungen an die Kinderschar meiner Mischlingshündin Sitta wurden wach. Sie paarte sich einmal mit einem Rüden, der, ebenso wie sie selbst, alles andere als reiner Herkunft war, und brachte nach neun Wochen sechs Junge zur Welt, von denen keines aussah wie das andere. Eine wahrhaft bunte Mischung bunter Hunde. Es gab braune und fast gänzlich weiße, andere gehörten zu eben jenen Punkteschweinen, die ich nicht mag, mit runden dunklen Flecken an den sonst weißen Flanken, und einer, an den ich mich genauestens erinnern kann, sah aus, als hätte er eine Binde über dem linken Auge oder vielmehr eine Augenklappe, denn mitten auf dem Auge und etwas darum herum saß ein kohlrabenschwarzer Batzen.

Meine Mühe und Not hatte ich damals gehabt, diese Jungen an den Mann oder an die Frau zu bringen, zog wie ein Hausierer mit den acht Wochen alten Welpen durch Münchens Innenstadt und pries sie an wie sonst etwas. Ich wurde sie tatsächlich allesamt los, verschenkt, versteht sich, denn wenn ich auch schließlich sechs gutmütige Seelen fand, die sich ihrer erbarmten oder die die komischen kleinen Kerlchen herzig fanden, Geld wollte keiner dafür herausrücken.

Diese vier hier, die an dem Holzbrett vor der Tür hingen, schienen eine ähnliche Mischung zu sein. Wie war denn eigentlich die Geschlechterverteilung?

Ich langte mir einen nach dem anderen, hob ihn hoch und schaute auf die noch recht nackten und prallen Bäuche. Zwei zu zwei. Ein brauner und ein schwarzer Rüde, eine braune und eine schwarze Hündin. Gut verteilt also.

Mein Zipfelmützenwelpe gehörte zu den Männern, Rosinchen hatte das ja schon durchblicken lassen. Außerdem war er braun-glatt. Bis auf die dunkle Maske einfarbig. Am Schwänzchen war nichts auszusetzen. Und die Ohren, die Behänge, wie das so in der Sprache der Hundekenner und -züchter heißt, waren riesengroß im Vergleich zum Köpfchen und hingen prächtig rechts und links herunter. Ein Elefantenbaby hätte keine schöneren Ohren haben können.

Ich nahm den Kleinen nochmals hoch, klemmte ihn mir unter den rechten Arm und zog sein eines Ohr vorsichtig nach vorne zur schwarzen Nase. Es reichte sogar darüber hinaus. Ein außerordentlich gutes Zeichen! Einem Hund mit Hängeohren müssen die Spitzen der Ohren mindestens bis zum Nasenschwamm reichen. Wenigstens bei bestimmten Rassen.

Ein häßliches Wort, dieser Nasenschwamm, nebenbei bemerkt. Auch ein Wort aus der Züchtersprache. Ich kann nicht sagen, woher es stammt. Zwar saugt die Nase eines Hundes die Luft auf, um eine Witterung, einen Duft, einzufangen, und ein Schwamm kann Feuchtigkeit aufsaugen, aber der Vergleich ist wohl eher weit hergeholt. Schwammig ist eine Hundenase nämlich auf keinen Fall. Fest ist sie, meist glänzend, und überhaupt eines der wunderbarsten Organe, die ein Hund besitzt. Die menschliche Nase ist ein jämmerliches Ding dagegen, wenn es darum geht, Düfte einzufangen, zu lokalisieren, zu prüfen und einzuordnen. Freilich riechen auch wir, die Pommes frites etwa, wenn wir an einem Bratwurststand vorbeigehen, oder den Duft der Rose, sobald wir die Nase auf ein paar Zentimeter an sie heranstrecken. Ein Hund könnte die Pommes über mehr als einen Kilometer wahrnehmen und die Rose, so sie ihn interessieren würde, vermutlich auch.

Mein Welpe besaß einen wunderschönen, glänzenden, großen Nasenschw…, ich meine so einen Nasenknubbel, den er samt Nasenlöchern und dem zugehörenden Sinnesorgan im Inneren aber zur Zeit sicher noch nicht optimal ausnutzte. Mutters Milchquellen, ihr Körpergeruch und der seiner Geschwister, sicher auch Rosinchens, das sind die Düfte, die in den ersten Lebenswochen eines jungen Hundes den Ausschlag geben.

Es schien nach dieser ersten ausgiebigeren optischen Begutachtung rein äußerlich nichts an ihm zu geben, was für mich subjektiv gesehen gegen ihn sprach. Andererseits war ich nicht so unbedarft, einen Hund nur wegen seiner ansprechenden Außenhaut in Zukunft und für hoffentlich viele Jahre als meinen Hund haben zu wollen. Eine eingehende Prüfung seines Charakters mußte noch vorgenommen werden. Ich hatte drei Tage Zeit, so lange, wie Barbaras Prüfungen liefen.

Das Haus erwachte. Rosinchen kam im Morgenmantel herunter, um den Hunden das Frühstück zu richten. Unseres folgte, und bald saßen wir zu viert am Tisch – Rosinchens Mann Peter war noch spät in der Nacht gekommen –, bei offener Tür zum Garten hin. Es versprach ein sonniger Tag zu werden, und meine Cousine hatte nichts dagegen, die ganze Hundebande in den Garten zu bringen, sobald ich zurück wäre.

Ich fuhr meine Tochter zur Modeschule und lieferte sie dort ab mit den üblichen weisen oder zumindest gutgemeinten Ratschlägen eines Vaters vor einer Prüfung. Sie mochte ihren Kopf voll haben mit ich weiß nicht was, in meinem Kopf kreisten nur die jungen Hunde.

3
Welpenstudien

Meine Gedanken kreisten besonders um den einen, und je mehr sie kreisten, um so tiefer gruben sich die Runen ein, deren Entzifferung da lautete: Den will ich haben. Ab und zu, selten noch, kreisten die Gedanken aber schon um etwas anderes: Meine Frau mußte eingeweiht werden. Und nicht nur das, sie mußte zunächst einmal ja sagen zu meinem Plan. Und sie mußte nicht nur ja sagen, sie sollte fröhlich und voller Überzeugung ja sagen dazu, daß wir künftig einen Hund haben würden.

Selbst hatte sie noch nie einen Hund gehabt, und ihre Eltern besaßen auch erst seit kurzer Zeit einen Irischen Setter namens Sir Henry.

Sir Henry, ein prächtiger Bursche, war als Junghund ins Haus gekommen, als die Kinder, Claudia und ihr Bruder, aus dem Haus gingen. Teils Kindersatz, teils Spaziergehkumpan, aber natürlich auch aus Freude am Hund. Er war der erste – auch für sie.

Ich hatte bisher nicht herausfinden können, ob auch meine Frau einen Hund würde haben wollen. Daß dies nicht ganz ohne Bedeutung sein konnte, war mir wohl klar. Und sicher schien mir das überhaupt nicht. Unsere derzeitige Wohnung war klein, ein Hund machte eben Schmutz, auch wenn sein Fell noch so kurz blieb, und es galt, ihn rund um die Uhr bei sich zu haben.

Ich wollte einen Hund, den ich möglichst ständig um mich haben konnte. Das hieß aber, er würde das Autofahren mitmachen müssen, ohne daß ihm übel wurde und er das Wageninnere auseinandernahm, er würde so gut erzogen werden müssen, daß man ihn in jede Gaststätte, in jedes Hotel und bei jedem Besuch mitnehmen konnte, und er durfte, wenn das doch einmal nicht zu machen war, allein gelassen in der Wohnung, nicht jaulen und nicht bellen. Und noch so einiges mehr. Würde er das? Solcherlei konnte ich auch bei intensivster Beobachtung innerhalb von drei Tagen nicht herausfinden.

Ich fuhr zurück, mit diesen und anderen Überlegungen beschäftigt. Rosinchen hatte die Hunde bereits in den Garten gebracht, und ich erzählte ihr, was in meinem Kopf vorging. »Schau sie dir in Ruhe an«, sagte sie, »ich habe bisher nur einen, den schwarzen Wuscheligen, fest jemandem versprochen. Namen haben sie auch noch nicht, aber der, auf den du gestern abend geflogen bist, ist mein kleines Männlein!«

Das fand ich nun ziemlich albern, aber offenbar hing auch Rosinchens Herz besonders an diesem einen Welpen. Ich machte es mir in einem Gartenstuhl bequem, brachte meine Pfeife zum Qualmen und widmete mich in den kommenden Stunden sehr konzentriert dem Treiben der Hunde.

Die Hunde ihrerseits beachteten mich gar nicht. Für sie war ich etwas Neues in ihrem Dasein, das, zunächst jedenfalls, weder etwas Gutes noch etwas Schlechtes bedeutete. Sie schienen mir bislang recht unverdorben und unbeeinflußt aufgewachsen zu sein, was nichts Ungewöhnliches war in ihrem jugendlichen Alter.

Natürlich kannten sie meine Cousine, weil sie von Geburt an um sie gewesen war und ihnen seit einigen Tagen das Zusatzfutter hinstellte, das notwendig wurde, weil der Mutter allmählich die Milch spärlicher floß.

Peter kannten sie wohl auch, der war aber die meiste Zeit aus dem Haus, und wenn er kam, stürzte er sich auf seinen Computer. Mit dem spielte er lieber als mit jungen Hunden.

Am allermeisten jedoch waren die Kleinen an sich selbst interessiert und mit sich selbst beschäftigt. Und wie sich das für junge Hunde gehört, rauften sie, wenn sie nicht schliefen, und schliefen, wenn sie nicht rauften. Entweder rauften sie untereinander, oder sie suchten sich einen Raufersatz, ein Stück Holz, einen alten Handschuh von Rosinchen, einen Fetzen Papier und überhaupt alles, was sich ziehen, zerren und zerbeißen ließ. Und da sie mit Hilfe ihrer Farbe und Fellstruktur leicht auseinanderzuhalten waren, wußte ich jederzeit, wer gerade mit was beschäftigt war.

So dauerte es gar nicht lange, bis ich herausfand, daß Kleines Männlein sich in seinem Verhalten recht deutlich von den drei anderen Welpen unterschied. Wenn diese so richtig zur Sache kamen und in einem wilden Haufen übereinander herfielen, sich an den Ohren zogen und mit kindlichem Knurren an den Hälsen würgten, machte er sich klammheimlich davon, schnappte sich irgendeinen Gegenstand und trug ihn in einen stillen Winkel. Dort legte er sich nieder, bearbeitete seine Beute und ließ die anderen raufen. Das Getümmel war ihm ganz offensichtlich zuwider. Da hielt er sich raus.

Na sehr gut. Er war also wohl kein Raufbold, eher ein Stiller im Lande. Und da er fast immer etwas in seinem Mäulchen umhertrug, hierhin und dorthin schleppte, würde er wahrscheinlich auch ein ganz brauchbarer Apportierer werden.

Und noch etwas fiel mir auf an diesem und an den

nächsten Tagen: Sobald Klein Männleins Mutter sich einmal im Garten blicken ließ, um aus der Entfernung nachzusehen, was ihre Kinder machten, lief er zu ihr hin, begrüßte sie mit Schwänzchenwackeln, kuschelte ein wenig um sie herum und ließ sich seinen kleinen Popo oder andere Körperstellen mit sichtlichem Genuß belecken. Er holte sich seine Streicheleinheiten und konnte genießen. Das schien mir auch nicht so schlecht zu sein. Die Geschwister nämlich kümmerten sich um Mama überhaupt nicht, es sei denn, sie hatten Hunger. Dann allerdings fielen sie über die Hündin her wie die Buschräuber, nahmen sie aus bis zum letzten Tropfen. Sobald sie gesättigt waren, verloren sie das Interesse an ihrer Milchquelle und widmeten sich wieder dem Spiel untereinander oder einem wohligen Verdauungsschlaf.

Mein zukünftiger Hund sollte mich nicht nur deshalb lieben, weil ich ihm sein Fressen gab. Ein bißchen mehr als eine bloße Freßzuneigung sollte er doch für mich erübrigen können. Ganz sicher war ich nicht scharf auf einen Hund, der ständig auf meinem Schoß sitzen und mich von oben bis unten abschlecken würde oder ständig demutsvoll um mich herumwuselte, bestimmt nicht. Aber ein wenig schmusen um des Schmusens willen, das Gekraultwerden genußvoll annehmen können, einfach mal zum Herrchen kommen und damit zum Ausdruck bringen: »Ich freu' mich, daß du da bist«, das wollte ich schon, das lag mir mehr.

Kleines Männlein – was für ein blödsinniger Name, ich mußte bald einen richtigen finden – schien mir also dieses gewisse Etwas zu haben. Und schlau war er auch.

Zwar setzte er sich von seinen balgenden Geschwistern häufig ab, behielt sie aber dabei von seiner sicheren Warte aus sehr wohl im Auge. Da lag er, biß an einem alten Holzstück herum und schaute immer wieder zu den anderen hinüber. Die zogen alle drei an jenem ausgedienten Handschuh. Jeder hatte einen anderen Finger zu fassen bekommen, und das Gerangel um dieses äußerst beliebte Objekt war gewaltig.

Ich wußte, daß Kleines Männlein den Handschuh auch gerne gehabt hätte, denn wann immer es ihm gelang, seiner habhaft zu werden, tat er das und versuchte, ihn eine Weile für sich alleine zu behalten. Die Übermacht der Geschwister ließ ihn aber meist nicht lange stolzer Sieger sein.

Eine Krähe, die sich einige Meter entfernt über die Reste des Hundefutters hermachen wollte, lenkte die Aufmerksamkeit der drei Welpen ab. Handschuh hin, Handschuh her, dieses schwarze Ungetüm war im Augenblick weit interessanter. Der Handschuh blieb liegen, Schwarz-Wuschel und seine Kumpane wagten einige tapsige Schritte auf den Eindringling zu, setzten sich auf ihre runden Pos und taxierten die Krähe aus sicherer Entfernung.

Da erhob sich Kleines Männlein, vollkommenes Unschuldslamm, schlich sich von rückwärts an, nahm den Handschuh ins Maul und kehrte, etwas eiliger nun, auf seinen Platz zurück.

Die Krähe flog fort, weil sie mich plötzlich bemerkt hatte, und war schnell aus dem Gesichtskreis der sie kurz verfolgenden Welpenaugen entschwunden. Das Interesse der kleinen Gesellschaft erlahmte dann auch sogleich, der Handschuh kam ihnen wieder in den Sinn. Der war aber verschwunden. Die großen Sorgenfalten auf den Stirnen und die heftig wedelnden Schwänzchen brachten ihn auch nicht zurück. Man suchte noch eine Weile im näheren Umkreis und beschloß, nachdem auch dies ohne Ergebnis blieb, ein Nickerchen einzulegen.

Und Kleines Männlein konnte seinen Schatz für eine längere Zeit genießen.

Ich befragte meine Cousine nach seiner Abstammung. Einen Leonberger hatte ich bislang noch nicht so richtig gekannt. Wahrscheinlich hielt ich die waschechten Leonberger für kleingeratene Bernhardiner, mit denen sie eine gewisse Ähnlichkeit haben.

Die Mutter der Welpen war fast reinrassig. Irgendwann, vor zwei, drei Generationen, mußte einmal eine andere Rasse dazwischengeraten sein. Und der Vater?

»Ich bin mir ziemlich sicher, daß der Vater ein Brackenrüde gewesen ist«, meinte Rosinchen. »Während der letzten Läufigkeit hat er ständig Haus und Garten belagert, und dann ist sie uns ausgerissen und war einen halben Tag fort. Sie kann sich nur mit dem Brackenmann herumgetrieben haben!«

Also steckte da Jagdhundblut drin. Nicht schlecht. Und ich würde später meinen Hund ganz einfach als »Wiener Bracke« ausgeben, wenn man mich nach seiner Rasse befragte. Es gibt ja eine ganze Menge Leute, die einem Löcher in den Bauch fragen nach der Rasse, wenn ein Hund einigermaßen etwas gleichsieht und nicht gerade querkariert ist. Sitta, die ein sehr hübscher Hund war und durchaus rassig aussah, stellte ich seinerzeit immer als Zwergsaluki vor, was mir jeder abnahm, der wenig von Hunden verstand. Und beide stiegen wir in der Achtung, weil kaum einer je etwas von Salukis im allgemeinen und erst recht nicht von Zwergsalukis gehört hatte, die es gar nicht gab.

Später fand ich in einer Bibliothek ein Buch über alte Hunderassen und entdeckte darin tatsächlich eine

Österreichische Bracke. Sie war auch abgebildet und sah meinem Hund durchaus ähnlich.

Der Tag verging, am späten Nachmittag holte ich Barbara von der Schule ab. Sie meinte, daß der erste Prüfungstag ganz gut verlaufen sei, und um sie auf andere Gedanken zu bringen, erzählte ich ihr von meinen Hundebeobachtungen. Nach dem Abendessen rief ich dann Claudia an.

Nach den bei solchen Telefonaten üblichen Floskeln kam ich zur Sache: »Du, Utes Hündin hat Junge, die sind vielleicht herzig. Gerade sechs Wochen alt!«

Schweigen.

»Einer, ein Rüde, sieht aus wie du!«

»Danke für das Kompliment, ich bin aber immer noch weiblichen Geschlechts!«

»Nein, ich meine, er hat genauso einen Haaransatz wie du, so 'ne Micky auf der Stirn!« Schweigen.

»Er ist semmelblond, aber am Kopf und über der Stirn hat er diese dunkle Maske, wie du eben«, schob ich nach.

»Und?«

»Den würde ich sofort nehmen!«

»Was willst du denn mit einem Hund? Du bist doch den ganzen Tag im Museum. *Ich* kann mich um einen Hund nicht kümmern!«

»Ins Museum kann ich ihn doch mitnehmen«, sagte ich, wurde aber schon etwas lahm, weil ich merkte, daß meine Idee nicht die Unterstützung bekam, die ich im stillen erhofft hatte. »Ich will ihn möglichst immer bei mir haben!«

Brummel brummel brummel.

Noch kapitulierte ich nicht. »Ich muß ihn mir noch sehr genau ansehen und weiter beobachten, aber ich glaube schon jetzt, daß der mit der Micky ein besonderer Hund ist. Ich habe ja noch zwei Tage Zeit!«

Brummel brummel. »Wie war Babsis Prüfung?« Das Hundethema war erledigt.

Was war los? Eigentlich ließ mich meine Frau sonst nicht so abfahren bei neuen Ideen oder Vorschlägen. Mindestens diskutieren konnten wir darüber. Da hatte ich, sollte sich mein Entschluß festigen, diesen Hund mitzunehmen, noch eine harte Nuß zu knacken, schien mir.

Und der Entschluß verfestigte sich in den kommenden Tagen. Mit meiner Cousine schmiedete ich ein Komplott. »Telefonisch geht das nicht«, sagte ich ihr, »das muß ich von Angesicht zu Angesicht ausfechten, wenn ich wieder zu Hause bin. Kannst du mir den Hund noch ein paar Tage reservieren?« Rosinchen hatte ja noch die beiden anderen in Reserve, falls sich in nächster Zeit jemand für junge Hunde interessieren sollte, und sie versprach, Kleines Männlein für mich zurückzuhalten. »Dir würde ich ihn sowieso am liebsten geben, dann könnte ich mein Kleines Männlein sicher ab und zu wiedersehen!«

Natürlich könnte sie das, aber erst einmal mußte ich es haben, das Männlein. Kämpfen müssen würde ich darum mit Zähnen und Klauen.

Die drei Tage in Wien gingen vorüber, ohne daß ich bei irgendeinem der Telefongespräche mit meiner Frau einen Fortschritt erzielt hätte. Wenigstens bestand Barbara die Aufnahmeprüfung anstandslos, war fröhlich und voller Zuversicht und freute sich auf die kommenden Jahre in Wien. Sie hatte ihren Prüfungskampf mit Erfolg durchgefochten. Mir stand der Kampf noch bevor.

4
Meine Frau überrascht mich

Grimmig entschlossen fuhren wir nach Norden zurück. Ich wollte gleich nach meiner Heimkehr den Stier bei den Hörnern packen und meiner Frau gar keine Zeit geben, mich von meinem Vorhaben abzubringen. Sollte das nicht gehen, würde ich ihr den kleinen Kerl mit allen seinen Vorzügen, ganz vornean nochmals die Mickymaske, so ausführlich und durchdringend schildern, daß sie einfach von ihm begeistert sein mußte, auch ohne ihn gesehen zu haben. Ich dachte mir aus, wie ich meine Frau vor einen Spiegel stellen würde, ihr ihre eigene Zipfelmütze auf der Stirn zeigen und beteuern, daß dies mit ein Grund gewesen sei, warum ich mich in sie verliebt hatte.

Nachdem ich Barbara abgesetzt hatte, brauchte ich nur noch wenige Kilometer bis zu unserer Wohnung. Ich stemmte meinen Koffer aus dem Auto, ging hinauf in den zweiten Stock und schloß die Wohnungstür auf.

Meine Frau, die das Schlüsselklappern schon vernommen haben mußte, stand zur herzlichen Begrüßung bereit, und nachdem sie ihre Arme von meinem Hals genommen hatte, fragte sie: »Und wann bekommen wir den kleinen Hund?«

Mein Hirn mußte offenbar auf der langen Fahrt zuwenig Sauerstoff erhalten haben. Oder der Heurige bekam meinen kleinen grauen Zellen nicht gut. Irgendwer tickte hier nicht richtig.

»Moment mal, du warst doch total gegen den Hund, du hast mir ja noch nicht einmal richtig zugehört beim Telefonieren!«

»Ich war, ich war... Aber vielleicht habe ich meine Meinung geändert, das ist doch möglich und erlaubt, oder?«

Ich mußte mich erst einmal setzen. Nein, ich brach schlicht zusammen. Wohin jetzt mit meinem aufgestauten Dampf, mit meinem Kampfesgeist, mit meinen gefaßten Vorsätzen, wie wild um diesen Hund zu kämpfen? Ein einziger Satz meiner Frau reichte, und der Dampf war raus, ließ sich jedenfalls nicht mehr gegen sie richten.

»Weißt du, meine Mutter hat gemeint ...«

Also, daher wehte der Wind. Mutter Ursula hatte sich in die Bresche geschmissen und in kürzester Zeit den Umschwung bei Claudia erreicht. Ich konnte mir denken, wie sie das angefangen hatte. Ich kannte sie ja nun auch schon einige Jahre. Laß ihm doch seinen Hund, wird sie gesagt haben, dann kommt er wenigstens öfter an die frische Luft. Während du hinter deinem Schreibtisch sitzt und Schulaufgaben korrigierst, kann dein Mann mit dem Hund in den Park gehen. Das kann ihm nur guttun. Vielleicht hatte sie noch drangesetzt: in seinem Alter. Und wahrscheinlich hatte sie auch geködert: Wenn ihr den Hund einmal überhaupt nicht haben könnt, dann bringt ihn zu uns. Er wird sich schon mit Sir Henry vertragen. Eine heimliche Verbündete, schau einer an! Ursel, die schon einen Stein bei mir im Brett hatte, durfte mit einem zusätzlichen rechnen. Einem mindestens.

Jetzt wollte ich Claudia auch von meiner Abmachung mit Rosinchen berichten. Da konnte ich wenigstens noch etwas draufsetzen.

»Der Hund ist für uns reserviert, Ute behält ihn, wenn es sein muß, auch noch ein paar Wochen. Im Juli fahren sie allerdings in Urlaub, und bis dahin müssen wir ihn holen.« Ich sagte ‚uns' und ‚wir', absichtlich. Es würde schon mein Hund werden, aber ganz ohne meine Frau ging es dann doch nicht. Ich mußte von Anfang an eine Tür offen lassen, daß es, ein ganz klein wenig, auch ihr Hund werden würde.

»Ja und, wann holen wir ihn?«

Das war bereits überdacht, geistig vorbereitet und von mir auf der Fahrt zurück nach Hause ausgeklügelt worden.

»Paß auf: In vier Wochen beginnen die Sommerferien, deine Schulsommerferien. Ich kann die ersten drei Wochen noch nicht weg, da geht mein Kollege in Urlaub. Ich denke mir das so, daß du gleich losfährst nach Brunnwinkl, von dort nach Wien – das sind nur drei Stunden –, den Kleinen abholst und ihn dann in Brunnwinkl hast, bis ich nachkommen kann!«

»Ach so?«

»Na ja, weißt du, für den Hund ist es am besten, wenn er nicht gleich von Wien in die Großstadt kommt. Er hat dort im Garten viel Auslauf gehabt, und den hätte er in Brunnwinkl auch. Dort kann er sich in aller Ruhe an uns gewöhnen, stubenrein werden« – das war ein gewichtiges Argument – »und dann, wenn alles läuft, fahren wir mit ihm hierher!«

Claudia strich ihre dunklen Locken zurück und demonstrierte Micky. »Und was ist mit meiner Ruhe? Ich habe die Ferien dringend nötig. Ein junger Hund macht Arbeit!«

Das macht er in der Tat. Aber die Aussicht, ihn rund sechs Wochen zunächst einmal in einer freien Umgebung halten zu können, ohne Straßen voller Autos, Menschengetümmel und Lärm, war so reizvoll, daß ich Claudias Bedenken unbedingt ausräumen mußte. Dieses Brunnwinkl, seit über einhundert Jahren Familienbesitz, lag mit seinen alten Bauernhäusern in einer kleinen Bucht am Wolfgangsee, umgeben von Wiesen, Hügeln und Wasser. Nur ein Fußwanderweg führte vorbei. Autos gab es nur von den Familienangehörigen und deren Freunden, aber die hatten zum Teil selbst Hunde und würden sowieso langsam fahren. Auch schon wegen der zahlreichen Kleinkinder, die überall herumliefen.

»Natürlich ist ein junger Hund ein bißchen zu beaufsichtigen«, mein Gott, ich wußte natürlich genau, daß man einen zehnwöchigen Welpen fast keine Sekunde aus den Augen lassen durfte, »aber du hast ja Zeit. Ich bin nicht da. Und schließlich bist du Lehrerin!«

»Was hat *das* denn damit zu tun?«

»Wenn du Kinder erziehen kannst, kannst du auch einen Hund erziehen!«

»Also, Kinder habe ich nicht! Schulunterricht ist etwas anderes als Hundedressur, das solltest du eigentlich wissen!«

Ich meinte, sie müsse dem kleinen Hund ja nicht das Jonglieren beibringen. Die ersten Grundregeln vielleicht, für ein vernünftiges Zusammenleben mit Menschenpartnern. Und so gut mir mein Plan auch erschien, richtig wohl in der Haut war mir nicht. Das dicke Haar, das ich in der Suppe schwimmen sah, bestand in Claudias fast totaler Hundeunerfahrenheit. Allerdings erinnerte ich mich gleichzeitig recht gut, wie sie den damals noch jungen Sir Henry einige Male betreuen mußte, weil ihre Eltern unterwegs waren. Da war alles glattgegangen. Praktisches Geschick in fast allen Dingen des

Lebens ließ sich meiner Frau sowieso nicht absprechen. Wenn sie etwas anpackte, dann ging das ruck, zuck. Irgendwie würde sie die drei Wochen allein mit dem Welpen schon durchstehen.

Ich hatte das alles schon gegeneinander abgewogen, und nach wie vor hielt ich es für das beste, den Hund zunächst auf dem Lande an uns zu gewöhnen und ihn nicht gleich ins rauhe Stadtleben zu bringen. Wir diskutierten das Ganze noch einmal durch, überdachten, überlegten. Endlich wurde mein Vorschlag angenommen, meine Frau stimmte ihm zu. »Also gut, aber gib mir nicht die Schuld, wenn etwas schiefgeht!«

5
Überflüssige Ratschläge

Sobald feststand, daß Claudia in den Urlaub vorausfahren und den jungen Hund in Wien bei Rosinchen abholen würde, kamen mir auch schon die ersten Bedenken. Die ersten Tage im Leben eines Welpen, die er bei seinem neuen Menschenkumpan verbringt, können sehr entscheidend sein für das weitere Zusammenleben. Da kann man ganz schön viel falsch machen. Und meine liebe Frau war absolut ein Hundeneuling. Ich fing also an, ihr intensiven Unterricht in Hundeerziehung zu geben, und griff in den Schatz meiner diesbezüglichen Erfahrungen, aus dem ich reichlich »Du darfst vor allem nicht ...«, »Du mußt unbedingt aufpassen ...«, »Der Kleine wird bestimmt versuchen ...« und derlei mehr hervorholte.

Dem Gesicht meiner Frau nach waren ihr diese Belehrungen eher lästig. Ich meinte es ja nur gut. Mit dem Hund. Ich wollte ihn davor bewahren, verkorkst, verzogen oder überfüttert zu werden, bis ich persönlich zur Stelle sein und die Sache in die Hand nehmen konnte. Und ich hatte eine Menge Geld hingeblättert für einen brandneuen Teppichfußbodenbelag in unserem Sommerzimmer ganz oben im Haus unter dem Dach. Wir selbst waren noch mit keinem einzigen Schritt auf dieser Auslegware herumgetreten, und nun würde der kleine Hund in dieses Zimmer kommen, sehr viel Zeit darin verbringen, und der Teppichboden würde in kürzester Zeit herausgerissen und erneuert werden müssen. Es konnte gar nicht ausbleiben, daß sich der kleine Hund auf dem Teppich auslaufen ließ und seine Würstchen darauf absetzte, in den ersten Tagen. Und kratzen und beißen würde er auch noch.

Dies zu verhindern wäre nur einer äußerst hundeerfahrenen und mit allen Erziehungskniffen bewanderten Person vielleicht möglich gewesen. Mir zum Beispiel.

Und man mußte ja noch so viel bedenken. Mit dem Fressen, Trinken, dem Spazierengehen am Anfang, nicht zu lange, damit der Hund nicht übermüdete. Mit der Regelmäßigkeit und ganz besonders mit der Konsequenz. Konsequenz ist das A und O jeder Hundeerziehung. Das mußte man aber wissen und erfahren haben. Meine Frau hatte es nicht. Sie erzog zwar Kinder in der Schule, aber von Hunden hatte sie keine Ahnung. So fuhr ich fort mit meinen Belehrungen und wurde ein mulmiges Gefühl dennoch nicht los. Wahrscheinlich endete alles in einem Chaos.

Der erste Ferientag kam, Claudia packte die Koffer und verließ mich. In ihrem Gepäck lagen zwei Din-A4-Seiten, gespickt mit Instruktionen über Hundeerziehung. Eigenhändig von mir niedergeschrieben. Das letzte, was ich tun konnte.

Kaum war meine Frau in Brunnwinkl angekommen, fragte sie eine meiner beiden Schwestern, ob sie ihren Wagen für die Fahrt nach Wien haben könne. Wieso sie sich das traute, weiß ich heute noch nicht, weil meine Schwester mit ihrem Wagen so heikel war wie seinerzeit eine meiner recht alten Tanten mit ihrem Haarnetz. Dies Netz reizte mich als kleinen Buben beträchtlich, aber ich durfte ihm nicht in die Nähe kommen. Es anzufassen und daran herumzuzupfen bedeutete, eine Katastrophe heraufzubeschwören. Die unter dem Netz kunstvoll aufgereihten Löckchen hätten ja Schaden nehmen können.

Meine Claudia, die Schwester wohl kannte, bekam den Wagen ohne größere Debatte, aber sie wurde von Alpträumen heimgesucht bei dem Gedanken, der Welpe könnte während der Fahrt eine Pfütze auf Sitz oder Teppichboden produzieren, könnte womöglich noch Schlimmeres von sich geben, vorne oder auch hinten heraus, oder auch Gefallen finden am Durchkauen der Polstersitze.

Um all diesem nicht Auszumalenden von vorneherein aus dem Wege gehen zu können, packte sie sich einen Weidenkorb mit Deckel in den Kofferraum, den sie mit einer Plastikplane auskleidete, damit nicht das kleinste Tröpfchen würde herauslaufen können. Auf die Plane kam eine dicke Schicht Zeitungspapier zum Aufsaugen aller vom Hündchen produzierter Flüssigkeit, und dann vervollständigten einige alte Decken die Inneneinrichtung.

Das war die erste ihrer weisen Taten, die mich im nachhinein um so mehr in Erstaunen versetzte, weil ich es ganz bestimmt nicht so gemacht hätte. Ich hätte den jungen Hund entweder neben mir zu Füßen des Beifahrersitzes auf bestenfalls einer Decke plaziert oder ihn zunächst einmal auf den Sitz gepackt, um ihn handgreiflich nahe zu haben. Daß es nicht gerade der Verkehrssicherheit dienlich ist, wenn man bei 140 Stundenkilometer Geschwindigkeit auf der Autobahn rechtshändig mit einem quirligen Hundewelpen kämpfen muß, damit der einem vom Schoß bleibt, hätte ich sicher auch nicht bedacht. Und Gas zu geben, während man an Bein und Hose gezerrt wird, ist sicher ebenfalls nicht im Sinne der Fahrtüchtigkeit.

Welpenmäßig ausgestattet und vorbereitet, fuhr sie frühmorgens nach Wien, hielt sich dort nicht lange auf und begab sich mit der neuen Errungenschaft bald wieder auf den Rückweg. Der kleine Hund machte überhaupt keine Schwierigkeiten, was entweder daran lag, daß er völlig schachmatt gesetzt wurde durch das, was ihm widerfuhr, oder daran, daß meine Frau nichts mitbekam von eventuellen Mißfallensäußerungen da hinten in Korb und Kofferraum. Der Delinquent war sozusagen schalldicht abgeschottet.

Ich saß am Tage dieses wohldurchdachten Transportes einige hundert Kilometer nördlich und bekam davon erst am Abend etwas mit, als wir miteinander telefonierten.

»Wir sind gut gelandet«, berichtete Claudia und sagte das so, als wäre sie eben mit der Straßenbahn alleine drei Stationen weit gefahren.

»Wie war denn die Fahrt?« fragte ich, weil mich eigentlich nur interessierte, wie sich der kleine Hund benommen hatte. »Mußtest du oft anhalten und ihn rauslassen?«

»Dreimal«, meinte sie.

»Ja und, wie ging das?«

»Na, ich bin auf einen Parkplatz gefahren, hab' mir den Hund geschnappt, ihn in die Wiese gesetzt, und da hat er dann seine Pfütze gemacht. Dann sind wir weitergefahren!«

So einfach konnte das gar nicht gewesen sein. Ich glaubte kein Wort. Ein junger Hund, der von einer Minute auf die andere aus seiner gewohnten Umgebung weg und in eine dunkle Kiste im Kofferraum kommt, kann sich nicht so verhalten. Der muß den ganzen Weg über jaulen und winseln, herumrumoren und halbtot sein vor Kummer und Angst. Sie erzählte mir da Märchen, wahrscheinlich, um mich zu beruhigen und einzulullen, während sie in Wirklichkeit mit dem kleinen Kerl nicht aus noch ein wußte. Sie konnte schließlich auch überhaupt nichts wissen, weil sie eben noch nie einen jungen Hund gehabt hatte, und erst recht keinen aufgezogen.

Ich wußte alles, was damit zusammenhing. Da konnte mir keiner etwas vormachen. Und nun stand die erste Nacht bevor, die erste Nacht für Claudia mit dem Welpen in unserem neuen Zimmer mit dem noch neueren Teppichboden, der vermutlich morgen dann erneuert werden mußte. Beide würden keinen Schlaf finden, beide würden sich ständig belauern. Der Welpe würde kein Auge zumachen, weil ihm diese fremde Person nicht geheuer war, dieses seiner Nase völlig unbekannte Wesen. Und Claudia, weil sie den Zeitpunkt nicht verpassen durfte, wenn der Hund das Wasser oder anderes nicht mehr halten konnte. Der Teppichboden war in Gefahr!

Ich hätte das alles nicht zulassen dürfen, ohne daß ich dabei war. Ich hätte schlafen können, weil ich, an nachts unruhig werdende Tiere gewöhnt, sofort wach geworden wäre, wenn sich der kleine Hund auch nur auf die Seite gedreht hätte. Trotz Schlaf wäre ich rechtzeitig wach geworden, um Schaden am Teppich zu verhindern. Ich hätte ganz sicher auch den Hund sehr schnell davon überzeugen können, daß ich nun sein Ersatz für Mutter und Geschwister war, und er wäre dann in einen tiefen und lang dauernden Erschöpfungsschlaf versunken. Die Nacht wäre vorübergegangen.

Am Abend des nächsten Tages telefonierten wir wieder, und da war der Teppichboden noch immer so schier und frisch wie eh und je. Claudia berichtete mir, welcher genialen Idee sie dies zu verdanken hatte.

Sie war mit dem kleinen Hund spätabends von Wien her in Brunnwinkl angekommen, und beide waren reichlich müde. Der Hund, endlich seinem Weidenkorbverlies entkommen, hing schlapp in Claudias Armen und mußte sich erst einmal von allen Anwesenden bestaunen und beschmusen lassen. Dann trug sie ihn nach oben in unser Zimmer, setzte ihn kurz auf den Boden – der Kleine machte die Beinchen breit und pieselte. Auf den Teppich!

»Aber wirklich nur dies eine Mal«, schwor meine Frau. Man sah inzwischen auch nichts mehr davon. Ausgewaschen und getrocknet. Jedenfalls holte sie dann den Weidenkorb aus dem Auto, schleppte ihn ebenfalls hinauf, setzte den Hund hinein, klappte den Deckel zu und holte den Rest ihrer Sachen. Als sie wieder hinaufkam, war der Deckel offen, und der Hund saß vor der Tür.

Claudia durchstöberte den großen Dachboden und entdeckte eine alte, oben offene Holzkiste in den Ausmaßen eines Kühlschrankes für einen Zehnpersonenhaushalt. Daraus würde der Hund nicht entwischen können, weil die Kiste zu hoch war. Sie war aber auch zu schwer, als daß sie sich hätte alleine bewegen lassen.

Als meine Frau noch überlegte, wen sie zu so später Stunde noch um Hilfe bitten könnte, traf mein Sohn in seiner Ente ein. Er war am Morgen in Braunschweig gestartet, ungefähr elf Stunden unterwegs gewesen und entsprechend durchgerüttelt und erschöpft. Claudia ließ ihm Zeit, sich in der Küche Brote zu machen, ein Bier zu trinken und etwas Fahrtfrust abzulassen. Dann ging sie hinunter und fragte Julian, ob er mit ihr die Kiste ins Zimmer wuchten würde.

Julian brummte etwas, das wie ›komme gleich‹ klingen konnte, brauchte aber eine weitere halbe Stunde, bis er auf dem Dachboden erschien. Die Kiste war rauh und zerschlissen, und mein Sohn zog sich einen Spreißel ein, als er zupackte. Er fluchte, und Claudia holte ein Pflaster.

Schließlich schafften sie das Monstrum ins Zimmer, und Claudia begann mit der Innenausstattung, ähnlich wie sie das auch mit dem Weidenkorb gemacht hatte. Am nächsten Tag bekam die Kiste auch noch von außen ein etwas ansehnlicheres Kleid in Form einer holzfarbenen Klebefolie, und der Hundestall für die Nacht oder auch ein paar Tagesstunden, in denen meine Frau ihre Ruhe haben wollte, war fertig.

Da nun der kleine Hund nicht mehr mit seinen Pfoten den Kistenrand erreichte, konnte er sich auch nicht mehr hochziehen und damit unbeobachtet auf den Teppichboden gelangen.

Ich fragte mich, ob ich auch auf diese Idee gekommen wäre, und mußte es verneinen, weil ich noch nie vorher bei allen Hunden meines Lebens zu diesem Trick gegriffen hatte. Und mit dieser Erkenntnis stieg meine Achtung vor dem Einfallsreichtum meiner Frau. Doch noch traute ich der Sache nicht. Das war ja nun gerade erst der Anfang gewesen, und was ist schon eine einzige Nacht im Zusammenleben mit einem jungen Hund, der noch nichts kann und noch nichts gelernt hat? Tagsüber mußte er ja auch seine großen und kleinen Geschäfte machen, und in sehr naher Zukunft würde er den Teppichboden erwischen. Claudia konnte ihn ja nicht ständig in der Kiste lassen.

Meine Unruhe über das, was die beiden da unten in Brunnwinkl trieben, ließ keineswegs nach, auch nicht durch die gütigen Umstände der ersten Nacht.

Bei einem der nächsten Telefonate, in dem mir auch wieder nur Beruhigendes berichtet worden war, nichts Außergewöhnliches oder Negatives, fragte ich, was denn der Hund gerade mache.

»Er liegt auf seiner Decke und schläft«, erzählte Claudia.

»Auf welcher Decke?«

»Na, eben auf *seiner* Decke!«

Wieso hatte der jetzt schon seine Decke, am zweiten Tag? Ein junger Hund liegt einmal hier und einmal da, aber er liegt nicht einfach auf einer Decke! Das läßt sich von einem älteren, gut erzogenen Hund erwarten, vielleicht.

»Ich habe ihm aus Wien eine alte Decke aus dem Hundezimmer mitgenommen. Die erkennt er am Geruch, und da liegt er drauf. Er liebt sie!«

Natürlich! Diese alte Decke aus Wien roch nach seiner Mutter, seinen Geschwistern und nach allem möglichen, das ihm vertraut war. Kein Wunder, daß er lieber auf ihr lag als anderswo.

»Und wie viele Bettdecken, Polster und Hosen hat er schon zerfetzt?« Ich fragte das, weil das alle meine früheren Hunde taten, solange sie jung und übermütig gewesen waren und noch nicht gelernt hatten, daß bestimmte Dinge nicht zum Daraufherumkauen herhalten durften. Man mußte da ständig auf der Hut sein. Einer meiner Cockerspaniels kaute auf allem, was nach mir roch, wahrscheinlich weil er meinte, mich dadurch herbeiholen zu können. Er machte das nämlich nur, wenn ich nicht bei ihm war, und es schien ihm völlig gleichgültig, ob er eine Socke von mir auseinandernahm oder meinen Füllfederhalter.

Ich geriet damals in eine gelinde Panik, als ich nur

mehr einige wenige Bruchstücke meines Schreibutensils unter dem Schreibtisch entdeckte und mir vorstellte, daß die spitze Feder, der gläserne Tintentank und der metallene Anstecker dem Hund im Magen liegen mußten. Womöglich bohrte sich die Feder durch den Darm. Und ob Hunde Tinte vertragen können, wußte ich auch nicht. Ich wäre schon fast zum Tierarzt gegangen, aber dann fand ich die Reste meines Füllers einen Tag später allesamt in einem dunkelblauen Kothaufen wieder, und mein Cocker war so fröhlich wie eh und je.

Ihm das Zerkauen verdaulicher und unverdaulicher Besitztümer abzugewöhnen, gelang mir nur mit einem Trick. Es hatte ja keinen Sinn, den Hund zu vermöbeln, wenn ich nach längerer Abwesenheit wiederkam und die traurigen Reste vorfand, die er vielleicht schon eine Stunde zuvor zerlegt hatte. Er hätte gar nicht mehr wissen können, warum es Strafe setzte.

Ich benahm mich so, als würde ich tatsächlich fortgehen, blieb aber vor der Zimmertür und spähte wie ein Spanner durchs Schlüsselloch, weil mir inzwischen klar geworden war, daß Bonny, so hieß das Cockermädchen, meist gleich nach meinem Verschwinden ihre Zähne zum Einsatz brachte.

Da sah ich dann, wie sie auf den Stuhl sprang, sich das Nächstbeste vom Tisch holte, es auf ihren Platz trug und genußvoll mit dem Zerlegen anfing. Jetzt riß ich die Tür auf, stürmte ins Zimmer, ertappte den Hund in flagranti und sagte ihm gehörig die Meinung. Und der Hund rührte nach drei solcher Einsätze nichts mehr an, was er nicht anrühren durfte.

6
Schani mag keine Männer

Unseren jungen Hund aus Wien hatte noch niemand erzogen, ich war ja auch weit vom Schuß. Natürlich zerbiß und zerkaute er alles, was ihm zwischen die Zähne kam.

Aber meine Frau behauptete, er hätte überhaupt noch nichts angestellt in dieser Beziehung. Sie hätte ein Unterhemd von sich geopfert, dieses zu einem festen Knoten gebunden, und darauf – und nur darauf – würde der Kleine herumkauen, an den Enden lutschen und ab und zu einen Fetzen herausreißen.

So etwas gab es gar nicht, das mußte ein Wunderhund sein. Wahrscheinlich war er irgendwie gestört, geistesgestört, total verklemmt, absolut abnormal. Offenbar hatten die drei Tage, während derer ich ihn mir ansehen und ihn beobachten konnte, nicht ausgereicht, das zu bemerken. Es gab keine jungen Hunde, die nicht auf den Zimmerboden machten, die sich nicht überall hinlegten, wo es ihnen gerade behaglich erschien, und die nichts zerbissen und zerrissen. Nicht in einem Alter von zehn Wochen.

Wie ich hörte, machten sie jetzt schon ab und zu kleinere Spaziergänge zusammen. Ich brummte, das sei verfrüht, außerdem könne der Hund in den See fallen und sich eine Erkältung mit garantiert tödlichem Ausgang einfangen.

»Wir gehen ja nicht da unten am See entlang«, sagte

Claudia, »wir gehen hinter das Haus in die Schlucht.«

Das war noch viel gefährlicher. In der Schlucht floß ein reißender Bach, und wenn der Hund da hineinfiel, würde er in den See getrieben werden und gottsjämmerlich ertrinken. Außerdem gab es in der Schlucht steile Pfade und jede Menge Felsbrocken, mit denen so ein Taps noch nicht fertig wurde. Er konnte höchstens krumme Beine und wunde Pfoten bekommen. Ich überdachte eben noch die Lage und war im Geiste auf der Suche nach Wegen, auf denen ein junger Hund unbeschadet laufen konnte, als ich die Feststellung vernahm: »Er mag übrigens keine Männer!«

Na sehr schön. Hervorragend! Ich, ein Mann, wollte endlich wieder einen Hund haben, und nun mochte der keine Männer.

»Wieso mag er keine Männer?«

»Ich weiß doch auch nicht, aber wenn ein Mann in seine Nähe kommt, legt er die Ohren an und geht weg. Besonders große Männer mag er nicht, und wenn sie dunkel angezogen sind, erst recht nicht!«

Ich dachte darüber nach, ob ich eher groß oder klein bin, mit 1,78 war ich wohl Durchschnitt, und dunkle Sachen trug ich kaum. Im Smoking würde mich mein Hund sehr selten sehen. Vielleicht hatte ich ja noch eine Chance.

»Das wird sich ändern, wenn ich erst da bin«, sagte ich. »Dann wird er mich mögen müssen!«

Es war einfach lächerlich zu glauben, dieser Hund würde mich nicht mögen. Es hatte noch keinen Hund gegeben, der mich nicht mochte. Die Hunde flogen auf mich.

Vor dem Einschlafen überlegte ich, was der Grund für die Abneigung Männern gegenüber sein könnte. In

Wien war Peter der Mann in Utes Haus gewesen, und wenn ich meine Beobachtungen dort überdachte, hatte sich Peter kaum je einmal um die Welpen gekümmert. Ich sah ihn im Geiste ins Computerzimmer stürzen und irgendwelchen mehr oder weniger sinnvollen Spielen nachgehen. Zum Beispiel konnte er seine Maschinen abfragen, wann er wen das letztemal zu sich nach Hause eingeladen hatte. Für so etwas besaß ich meinen Kopf.

Peter mußte für die Hunde etwas Fremdes geblieben sein, das zwar ab und zu auftauchte, und dann auch noch etwas plötzlich und vehement, aber nichts, mit dem sie vertraut werden konnten. Außerdem roch er wahrscheinlich auch nach Computer, und damit war für sie nichts anzufangen. Das Weibliche, Rosinchen, gehörte zu ihrem Dasein, das Männliche, Peter, nicht. So etwa reimte ich mir das zusammen. Und wie ich meinen Hund in Wien eingeschätzt hatte, gehörte er sowieso nicht zu der Sorte, die sich mit übertriebenem Wagemut auf alles Unbekannte und Neue stürzt.

Ich würde, wenn ich nach Brunnwinkl kam, einen Wurstzipfel bereithalten und ihn dem Hund ins Maul schieben. Und dann wollte ich sehen, ob er mich mochte oder nicht.

Es war soweit. Ich packte meine Sachen. Frühmorgens fuhr ich los, um den übrigen südwärts Strebenden einige Kilometer voraus zu sein. Nach acht Stunden hatte ich es geschafft, bog von der Hauptstraße ab in den schmalen Weg, der hinunter zu unseren Häusern führte. Der See begrüßte mich mit dunklem Blau wie jedesmal, und alles war vertraut.

Als ich vor dem alten Mühlhaus ankam, in dem wir wohnten, saß Claudia davor in der Sonne. Zu ihren

Füßen etwas Semmelblondes. Größer schon als damals in Wien, aber zweifellos mein Zipfelmützenhund. Und meine Frau hatte sich die Haare – in voller Absicht, wie ich annahm – so frisiert, daß die Ähnlichkeit der Mickymausmasken jedem, der nicht völlig mit Blindheit geschlagen war, auffallen mußte. Die beiden sahen hinreißend aus, und ich würde verdammt aufpassen müssen, meine Gunst in Zukunft gerecht zu verteilen.

Ich stieg aus dem Wagen, der Hund erhob sich und verzog sich unter den Tisch. Also gut, ich war ja nun wirklich etwas Neues, an die Tage in Wien konnte er sich kaum erinnern. Wo war die Wurst? Sie lag im Handschuhfach und roch inzwischen etwas unangenehm. Es war recht heiß gewesen im Wagen. Ich hielt sie in der Hand, was mich etwas behinderte, meine Frau in die Arme zu nehmen, aber als ich dann doch damit fertig war, beugte ich mich unter den Tisch. Der Hund erhob sich und verschwand ins Haus.

Nicht, daß er fluchtartig die Stätte verlassen hätte, keineswegs. Er ging einfach weg, gelassen und bedächtig, aber sein ganzer Körper strahlte Mißachtung aus, besagte: »Den Kerl mag ich nicht!«

Wir packten erst einmal aus, trugen meine Sachen die Treppen hinauf in unser Zimmer. Mein erster Blick galt dem Teppichboden. Er war sauber wie ein frisches Tischtuch. Kein Fleck, kein Riß, nichts. An einer Wand, von Claudias Bett aus schnell erreichbar, stand die Kiste. Und unter dem kleinen Lesetisch lag eine Decke. Die Decke! Alles so, wie es mir geschildert worden war.

Während meine Frau die Koffer auspackte, mußte ich den Teppich noch einmal mustern, genauer, gründlicher. Aber auch dabei kam nichts anderes heraus als ein sauberer, neuer, völlig unbeschädigter Teppich. Unglaublich. Den Hund hatte ich vergessen.

»Der ist ja ganz alleine unten«, sagte ich, weil's mir plötzlich einfiel, »keiner paßt auf ihn auf!«

»Ach, der liegt sicher bei Maria in der Küche!« Claudia schien darüber ungerührt. Maria war meine Schwester. Sie hatte selbst einen Hund, eine kleine, schwarzbraune Hündin mit Ringelschwanz und Knickohren, die ständig kläffte, sobald sich irgend etwas tat, was ihr nicht geheuer schien. Dafür konnte weder meine Schwester etwas noch vermutlich Chicki. So hieß sie. Meine Schwester war schon das vierte Frauchen für diesen leicht nervösen Hund, und kein Mensch wußte, was der vorher schon alles durchgemacht hatte. Vermutlich nicht viel Gutes.

Meine Schwester liebte Hunde, eigentlich alle Tiere, aber genau sie sah das mit der Konsequenz nicht so eng, besonders, was das Fressen anging. Und wenn unser Hund unten bei ihr in der Küche war, wurde er sicher mit allen möglichen Dingen vollgestopft.

Ich flog fast die Treppen hinunter und stürzte in die Küche, überzeugt, Hund und Schwester auf frischer Tat zu ertappen. Aber meine liebe Schwester rührte im Kochtopf, und der Hund lag neben ihrem Hund auf einer Decke – schon wieder eine Decke – und schlief! Er schlief, trotz all der verführerischen Düfte. Offenbar war es mir beschieden, in diesen Tagen ständig neue Erfahrungen zu machen, was den neuen Hausgenossen betraf.

Nachdem ich Maria gebührend begrüßt hatte, diesmal ohne eine übelriechende Wurst in der Hand, und Chicki einen guten Grund fand, langanhaltend zu kläffen, war mein Hund wieder verschwunden. Abermals strafte er mich mit Mißachtung und hatte die Küche still und heimlich verlassen. Dabei wollte ich gar nichts von ihm. Es war mir schon klargeworden, daß ich ihm würde Zeit lassen müssen, um mich kennenzulernen und zu akzeptieren. Als künftiges Rudelmitglied. Oder besser als die Nummer 1 im Rudel, den Ranghöchsten. So mußte das sein.

Nach dem üblichen Hin und Her, das die Ankunft an einem vertrauten Ferienziel mit zahlreichen Verwandten und Bekannten nach sich zieht, wurde es endlich Abend.

Während ich händeschüttelnd und Begrüßungsworte verbreitend durch den Brunnwinkl gewandert war, hier einen Willkommenstrunk bekam und dort den nächsten, hatte Claudia den Hund gefüttert, war mit ihm noch einmal ums Eck gegangen und saß nun oben in unserem Zimmer, von dem aus wir einen prächtigen Rundumblick über dieses schöne Fleckchen Erde hatten. Das Zimmer lag höher als alle anderen, und besonders von dem schmalen Balkon aus sah man auf den See, das Dorf gegenüber und auf das Zwölferhorn, den Berg, der hinter dem Dorf aufstieg.

Ich freute mich auf diese abendliche Stunde da oben, und endlich würde wieder ein Hund mit dabei sein. Ich ging hinauf, fand Claudia am Lesetisch sitzen und stricken und den Hund unter dem Tisch auf seiner Decke. Ein Bild des Friedens. Ich setzte mich dazu. Der Hund blieb liegen. Ich streckte meine Hand vorsichtig zu ihm hin. Der Hund stand auf und ging auf Claudias andere Seite. Sie sagte: »Geh auf deine Decke«, und der Hund ging wieder auf seine Decke. Sie sagte: »Mach Platz und legen«, und der Hund legte sich nieder. Er schielte noch ein paarmal zu mir herauf, aber dann schlief er ein.

»Wir müssen einen Namen finden«, sagte ich. »Ich kann nicht dauernd Kleines Männlein sagen, das ist zu blödsinnig. Ich gewöhne mich schon fast daran.«

Wir dachten angestrengt nach. Dann sagte ich: »Wie wär's mit Schimpel?« Schimpel war früher einmal der Spitzname von Claudia gewesen, in ihrer Schulzeit. Als Antwort bekam ich deshalb auch nur einen ziemlich schrägen Blick.

»Quaksi«, schlug sie vor.

»Er ist doch kein Frosch«, sagte ich. »Glaubst du, ich stehe später im Park und schreie ›Quaksi‹, damit mein Hund kommt? Das ist mir zu albern!«

»Na gut, es ist schließlich dein Hund, also finde du einen Namen. Aber Schimpel nicht!«

Dann kam ich auf Schani und tat es kund. »Was heißt denn Schani?« fragte Claudia. Ja, was hieß Schani? Schani kannte ich auch nur als österreichische Bezeichnung für eine gewisse Sorte von Menschen. Man sagte da etwa, wenn man von jemandem Bestimmten redete: »Na ja, des is halt so a Schani.« Ich würde mich bei meiner Wiener Verwandtschaft erkundigen, was Schani bedeutete und woher dieser Ausdruck kam. Sie mußten es ja wissen.

Jedenfalls klang Schani nicht schlecht, und Claudia stimmte zu.

Für den Namen eines Hundes ist es ungeheuer wichtig, daß man ihn gut rufen kann, und zwar laut, und daß sich sowohl die erste als auch die zweite Silbe betonen lassen. ‚Schàni', wenn es streng klingen soll, oder ‚Schanì', wenn der Hund nach dem dritten Mal rufen immer noch nicht reagiert. Und ein langgezogenes ‚Schaaani', nicht ganz so lautstark, klingt liebevoll.

Es gibt Namen, die kann man seinem Hund nicht geben. Als Bub las ich einmal ein Buch über einen Jägersmann und seinen Hund, und der Hund hieß Krambambuli. Unmöglich. So einen Namen kann man weder vorne noch hinten noch irgendwo sonst betonen, und nach mehrmaligem Rufen geht einem die Luft aus. Es dauert dann gar nicht lange, und aus Krambambuli wird unvermeidlich Buli. Das hätte man sich aber auch gleich einfallen lassen können.

Es ist auch ganz schlecht, wenn ein Hund einen menschlichen Namen hat. Ich erinnere mich an eine, na, Dame, der ich während meiner Studienzeit in München bei ornithologischen Wanderungen im Englischen Garten öfters begegnete. Ihr Zwergpinscher hieß Maxl, und jedesmal, wenn sie ihn rief, zuckten ein paar spazierengehende Herren nervös zusammen, besonders wenn sie in weiblicher Begleitung waren. Da ist Vorsicht angesagt.

Schani war völlig unverfänglich. Die meisten würden sowieso nicht wissen, was der Name bedeutete und woher er stammte.

Ich fragte mich am anderen Tag durch und bekam von meinen Wienern eine einleuchtende Erklärung: Während irgendeines Krieges, den Österreicher und Franzosen gegeneinander führten – welchen, wußten sie auch nicht mehr genau –, gelangten französische Kriegsgefangene ins Österreichische, meist zu Wiener Familien, wo sie als Hausdiener, Laufburschen oder Küchengehilfen beschäftigt wurden. Das waren die Jeans, vom französischen Männernamen Jean. Und aus Jean wurde Schani. So ist ein

Schani jemand, der für alles mögliche gut und zu gebrauchen ist.

Zunächst meinte ich, daß mein Hund durch diese Namensgebung abgewertet werden könnte, aber das verflog rasch, und, wie gesagt, die wenigsten wußten mit dem Namen etwas anzufangen.

An diesem ersten Abend in Brunnwinkl, an dem unser Hundekind endlich seinen Namen fand, erzählte mir Claudia dann noch einige Erlebnisse mit ihm, die sie mir bislang verschwiegen hatte. So waren sie eines Nachmittags mit einem befreundeten Ehepaar spazierengegangen, und zwar einen schmalen Weg am See entlang. Schani alberte herum, kam mit seinem Hinterteil über die senkrecht abfallende Böschung und lag im Wasser. Meine Frau warf sich auf den Bauch – die Begleitung hielt sie an den Beinen fest, damit nicht auch sie noch über Bord ging –, erwischte Schani zunächst am Ohr, dann am Nackenfell und zog das pitschnasse Bündel heraus. Dann rannte sie nach Hause, eingedenk meiner Ermahnungen, den jungen Hund ja nicht naß werden, geschweige denn zu früh in den See zu lassen, weil er sich sonst den Tod holen könnte. Sie rieb und rubbelte ihn ab, und er überstand es hervorragend.

Und dann hatte es geregnet und geregnet, Salzburger Schnürlregen, tagelang. Das mochte Schani überhaupt nicht. Zum Erledigen seiner kleinen und großen Geschäfte mußte Claudia ihn vom Zimmer oben über die Treppen hinuntertragen vor das Haus, selbst eingehüllt in einen Wetterfleck und Kopftuch. Schani machte aber nicht einfach vor die Haustür, wo er hätte trocken sitzen können, er brauchte Wiese. Sie trug ihn also durch den Regen in die Wiese, aber da er Regen nicht mochte, flitzte er umgehend zurück Richtung Haus. Das Spiel dauerte seine Zeit, schließlich war meine Frau nasser als der Hund, und das mehrmals am Tage.

Und einmal in dieser Regenzeit, nur ein einziges Mal, mußte er sein großes Geschäft, das bei seiner Kleinheit ja auch nur ein kleines gewesen sein konnte, auf dem Weg zurück in unsere Dachkammer im Hause selbst erledigt haben, von Claudia unentdeckt. Leider aber sehr wohl bemerkt von meiner zweiten Schwester Helene Priska, kurz Leni genannt, die dann auch zu bemerken beliebte: »Macht dein Hund das immer?«

»Da wäre ich bald in die Luft gegangen! Erstens war es nicht mein Hund, sondern deiner, zweitens bin ich wie eine Blöde mindestens alle zwei Stunden mit dem Hund unter dem Arm hinuntergelaufen, damit er draußen seine Sachen macht, und nur einmal hat er ins Haus gewürschtelt in den vielen Tagen, weil wieder einmal ein Wolkenbruch niederging, und dann diese Frage: ›Macht dein Hund das immer?‹ Da war ich sauer!«

Ich konnte sie verstehen, aber da es diejenige meiner Schwestern war, von der Claudia das Auto für den Hundetransport aus Wien bekommen hatte, und ich nicht alles, was meine lieben Schwestern so von sich geben, irrsinnig ernst nehmen kann, gelang es mir auch, Claudia diesbezüglich zu beruhigen. Meine Schwestern fanden den Hund inzwischen sicher auch ganz süß, Maria sowieso. Leni blieb auch anderen Hunden gegenüber auf Distanz. Ein Erbe unseres Vaters.

Er, als Vollblutzoologe, hielt ganz lange Zeit Hunde von sich fern. Im ersten Weltkrieg machte er als junger Wissenschaftler, der Medizin bis zum Physikum studiert hatte, mit einem für den Menschen sehr gefährlichen Hundebandwurm Bekanntschaft. Dieser *Echinococcus granulosus* lebt im Dünndarm von Hunden, Wölfen und Füchsen und schadet seinem Wirt nicht, obwohl oft in Massen dort vorhanden. Die Eier dieses Bandwurms können von allen möglichen Pflanzenfressern aufgenommen werden. Aus ihnen schlüpfen die Larven, die sich vor allem in der Leber, aber auch in Lunge, Herz und Gehirn festsetzen und apfel- bis kopfgroße Blasen bilden. Für den Menschen verläuft solch ein Echinococcenbefall meist tödlich.

Mein Vater wich daher Hunden aus, wo es nur ging, und als ich durch innige Fürsprache meiner Mutter den ersten Hund ins Haus brachte, die schon erwähnte Dackelhündin Heidi, wusch er sich zwanzigmal am Tag die Hände, obwohl er den Hund gar nicht berührte. Es dauerte, bis dem Dackel der Durchbruch zum Herzen meines Vaters gelang. Aber irgendwie schaffte er es. Jedenfalls kam meine Mutter eines Tages in Vaters Arbeitszimmer und fand Heidi auf seinem Schoß sitzen. Es war im Winter, im Krieg, es gab nichts zum Heizen, und Mutter dachte, Vater wäre es kalt und Heidi seine Wärmflasche. Er sagte aber: »Ich hab' nicht anders können, sie ist so herzig!«

Damit war das Eis gebrochen. Wir hatten nach Heidi noch manchen Hund im Elternhaus, und Jahrzehnte später wurden Marias Hunde die Begleiter auf Vaters täglichen Spaziergängen.

Schani also. Er war noch einmal vors Haus gelassen worden, während unsere Unterhaltung für diese Zeit ruhte, und als Claudia ihn wieder heraufbrachte, geschah etwas so Reizendes, daß es sich fest in meiner Erinnerung verankert hat.

Nach dem langen Tag war der kleine Hund müde, aber meine Anwesenheit schien ihn nach wie vor nicht ganz entspannt sein zu lassen. Zuvor hatte er schon ein bißchen auf seiner Decke geschlummert, war aber doch zwischendurch immer wieder aufgestanden, um etwas von mir abzurücken. Drüben stand seine Kiste. Ein wirklich hohes, unförmiges Ding, aber praktisch aus den geschilderten Gründen.

Jetzt ging Schani, verschlafen und rundum kleiner, müder Hund, hinüber zu dieser Kiste, setzte sich in einem Meter Abstand vor ihr hin und schaute hinauf zu ihrem Rand. Sonst nichts. Kein Winseln, kein Blick zu uns als Aufforderung, etwas zu tun. Er saß nur da, den noch so rundlichen Kopf mit den schönen, langen Schlappohren etwas erhoben, und betete den Kistenrand an. ›Ich will schlafen und in meine Kiste, aber wie?‹ – das war aus seiner ganzen kleinen Gestalt so deutlich abzulesen, als hätte er es laut gedacht. Es war so ein unglaublich rührendes Bild, daß selbst ich als alter Hundehalter, seit Kindheit umgeben von Hunderten von Tieren, schwach wie eine kindische Jungfer wurde.

Claudia stand auf, ging zu ihm, hob ihn auf und setzte ihn in seine Kiste. Er sank da drinnen mit einem hörbaren Plumps zusammen und schlief sofort.

Viele Monate später wurde uns erst bewußt, daß Schani schon in diesem Welpenalter ganz ausgeprägte Verhaltensweisen besaß, die er auch als erwachsener Hund beibehielt. So winselte er auch später nie, wenn er etwas wollte. Er kam einfach an, setzte sich hin und schaute einem ins Gesicht. Wollte er zur Tür hinaus, die geschlossen war, setzte er sich davor und schaute die Tür an, bis einer sie ihm öffnete. Drückte ihn am Morgen ganz fürchterlich die Blase, kam er zur Schlafzimmertür, die immer einen Spalt offenstand, und blickte zu uns in den Betten, ohne einen Mucks zu sagen. Das blieb immer seine absolut stille Art der Aufforderung, einen Wunsch erfüllt zu bekommen.

7
Kein Hund wie alle anderen

Jetzt war ich schon zweieinhalb Tage in Brunnwinkl, mit Frau und Hund zusammen, und der Hund ging mir noch immer aus dem Weg. Ich wollte ihn nicht mit weiteren Wurstverlockungen und anderen Tricks zum Überlaufen bewegen, ich wollte, daß er mich von sich aus akzeptierte und irgendwann endlich anfing, mit dem Schwanz zu wedeln, wenn er mich traf.

Im Hause und in der Schani inzwischen vertrauten engeren Umgebung schien das nicht möglich. Also machte ich am Nachmittag des dritten Tages den Vorschlag, einen etwas weiteren Spaziergang zu unternehmen in ein Gelände, das Schani nicht kannte. Ich hatte längst die Erfahrung gemacht, daß man zum Beispiel zwei sich fremde Hunde am besten in einem für beide neutralen Gebiet aneinander gewöhnen kann, weil keiner dann auf die Idee kommen muß, sein Revier zu verteidigen oder sich dem anderen aus sonstigen Gründen überlegen vorkommt, weil er ein Heimspiel hat.

Claudia, Schani und ich machten uns also in einer längeren Regenpause und bei aufklarendem Himmel bereit, gingen auf neuem Weg fort vom Haus und seinem Umfeld, spazierten bergan dem Wald entgegen und, eingedenk eines ersten längeren Ganges, taten wir dies langsam und ohne Eile.

Für Schani, der hinter meiner Frau hertrabte, war das aufregend. Er hatte noch kein Interesse an den Düften, die später einen älteren Hund dazu bewegen, hierhin und dorthin zu laufen und an vielen Plätzen ausgiebig zu schnuppern, aber er merkte natürlich sehr bald, daß alles um ihn herum unbekannt war. Das ließ ihn um so dichter an die Beine des einzigen ihm wirklich vertrauten Wesens aufschließen. Ich, der ich in einigem Abstand hinterherkam, war ihm total gleichgültig, ja, wenn ich einmal neben den beiden gehen wollte, zog er den Schwanz ein und ließ die Ohren fast bis zum Boden hängen. Er mochte das gar nicht.

Von einem Wiesenweg kamen wir schließlich in den Wald. Dort war es düster, noch fremder und wohl noch unheimlicher für Schani. Claudia mußte jetzt aufpassen, nicht über ihn zu stolpern, weil er ihr fast zwischen die Beine wollte. Wir gingen vom Weg ab und mitten hinein zwischen die hohen Bäume und einen Verhau aus Fallholz und Dickungen, und dann sagte ich zu meiner Frau: »Jetzt verschwinde so schnell als möglich, renn bergauf und durch die Dickung und so weit weg wie möglich!«

Das war natürlich abgesprochen, sonst hätte sie gedacht, ich sei verrückt geworden. So schnell war sie weg, daß Schani gar nicht reagieren konnte. Vier ungeschickte Hopser machte er zwar in die Richtung ihrer Flucht, dann setzte er sich auf sein Hinterteil, stellte die Schlappohren hoch, um wenigstens akustisch noch etwas mitzubekommen, und saß da.

Ich war inzwischen ebenso schnell bergab gespurtet, blieb aber mit dem Hund in Sichtkontakt und brachte vielleicht fünfzig Meter zwischen uns. Dann blieb ich stehen und rührte mich nicht.

Gottverlassen war mein kleiner Kerl da im Wald. Er hatte es noch nicht bemerkt, aber als Claudia verschwunden blieb, kein Rascheln und nichts sonst verriet, wo sie steckte, drehte er seinen Kopf nach hinten, und auch da war keiner mehr. Er schaute in die Runde, nichts. Jetzt wurde es aber ungemütlich.

Ich ließ ihn noch ein paar Minuten zappeln, und das tat er auch, drehte sich am Platz, tapste einige Meter hin und her, versuchte, einen bekannten Duft einzufangen, und ließ alles hängen, was hängen konnte.

Da pfiff ich leise und rief ihn. Schani, hier! Und wups fuhr er herum in meine Richtung, die Ohren kamen wieder hoch und auch das Schwänzchen ein wenig. Noch einmal rief ich ihn, und jetzt ging es bergab durch Laub und Farne, schnurgerade auf mich zu. Da war er, Schani, freute sich unbändig, endlich nicht mehr verlassen zu sein, begrüßte mich, als wären wir schon Jahre alte Kumpel. Sein Schwanz schlug von rechts nach links und zurück, er konnte herrlich wedeln – was ihm bald auch den Zweitnamen Waggi einbrachte –, und er war ja so froh.

Ich glaube, es hätte ihm auch nichts ausgemacht, wenn da Rübezahl im Walde gestanden wäre, fünf Meter groß und in einem schwarzen Umhang. Schwarz mochte Schani tatsächlich nicht als Bekleidung. Er mochte es auch später nicht. Das Schlimmste, was ihm in die Nähe kommen konnte, war ein fremder Mann im schwarzen Anzug. Aber jetzt war er einfach erleichtert.

Wir gingen langsam los, weiter bergab, der Hund nun dicht hinter mir. Und als dann auch Claudia wieder zum Vorschein kam und uns eingeholt hatte, blieb er trotzdem dichter bei mir als bei ihr. Na also! *Ich* hatte ihn nämlich nicht total verlassen, *ich* war ja nur ein bißchen weiter weg gewesen, *ich* hatte mich bemerkbar gemacht. Und sie war die Schlimme, die ihn hatte sitzenlassen, allein im großen Wald! Ein kleiner psychologischer Trick, sonst nichts, und das war es dann.

In diesen ersten Tagen und Wochen, die Schani bei uns war, habe ich mich oft gefragt, was mich an dem kleinen Hund fesselte. Ich fragte mich später manchmal noch und natürlich besonders jetzt gerade, wo ich über ihn schreibe. Genau kann ich es nicht sagen.

Schani war ein Hundewelpe wie andere jungen Hunde auch, und doch war er anders. Ich kannte schließlich Hunde: Neun Hunde hatten mich bisher länger oder kürzer auf meinem Weg durchs Leben begleitet, allerdings nur weibliche. Und viele von ihnen, die meisten, waren als Welpen ins Haus gekommen. In einem Alter von ein paar Wochen spielt das Geschlecht auch noch keine Rolle, keine wichtige jedenfalls. Ich merkte da erst später, als Schani geschlechtsreif wurde, daß ein Rüde völlig anders zu behandeln ist als eine Hündin.

Schani hatte von Anfang an etwas an sich, daß mir absolut neu schien bei einem Welpen. Er biß und zerrupfte eben zum Beispiel nicht alles mögliche, dessen er habhaft wurde. Er jaulte und winselte nicht. Er folgte vom ersten Tag an und machte alles mit, wozu wir ihn verleiteten, ohne zu zögern, Angst zu haben oder unruhig zu werden. Er war irgendwie ein stinknormaler junger Hund – aber anders. Vielleicht läßt es sich mit dem Satz ausdrücken: »Er hatte immer die Ruhe weg.« Er war nie zappelig, nie drängend, nie ging er einem auf die Nerven. Er war mit Sicherheit kein Draufgänger, das ließ er in Wien schon durchblicken, aber ängstlich war er eigentlich auch nicht. Eher zurückhaltend, abwägend.

Das sind Ausdrücke, die sich vielleicht für einen

Hund nicht ziemen, nicht aus der Feder eines Verhaltensforschers, der schon aufpassen muß, was er so schreibt. Warum aber denn nicht? Tiere haben Gefühle, ganz sicher, wir können nur nicht sagen, wie sie selbst diese Gefühle empfinden und verarbeiten. Aber jeder weiß schließlich, daß sich ein Hund freuen kann, daß er traurig, beleidigt oder verspielt ist. Auch das sind Bezeichnungen, wie wir sie für uns Menschen anwenden und automatisch an die Tiere weitergeben. Es hat noch keiner Ersatzausdrücke erfunden, und ich meine, daß das auch nicht notwendig ist. Ausdrücke und Verhaltensweisen der Freude, der Angst, der Trauer sind sich bei Mensch und Tier so ähnlich, daß man sie getrost mit denselben Worten benennen darf.

Es gibt stürmische Menschen und solche, die zurückhaltender sind. Die stürmischen fallen jedem gleich um den Hals und erwischen dabei dann auch manchmal den Falschen. Und es gibt stürmische und zurückhaltende Hunde. Schani war zurückhaltend und blieb es.

Ich möchte das nur an einem Beispiel erklären. Hunde von der Art der Stürmischen begegnen fast jedem Fremden vertrauensvoll und ohne Arg. Sie fallen ihm gleich um den Hals, um dabei zu bleiben. Schani tat das bei Fremden niemals. Er konnte es noch nie haben, wenn ein Fremder auf ihn zuging und ihm mit »Na, du niedlicher, kleiner Hund« oder anderen entsprechenden, meist ziemlich idiotischen Sprüchen zu dicht auf den Pelz rückte. Es war schon immer seine Art, sich Unbekannte und Unbekanntes erst einmal aus der Entfernung zu betrachten.

Da liegt er auf seinem Platz, in seiner Kiste, bei mir im Arbeitszimmer im Museum – er ist jeden Tag dabei –, Leute kommen und gehen, Mitarbeiter, Studenten,

Besucher. Sie kümmern ihn nicht im geringsten, solange sie seiner Kiste nicht zu nahe treten. Viele bemerken den Hund überhaupt nicht oder erst nach einer ganzen Weile und staunen dann, daß er da liegt und sich nicht rührt. Der eine oder andere muß natürlich gleich hin zur Kiste und einen Spruch loslassen und wird angeknurrt. Doch wenn ein Besuch, durchaus auch ein männlicher, länger im Zimmer verweilt, kann es passieren, daß Schani plötzlich aufsteht, sich ihm sehr langsam nähert, sich dicht seitlich von ihm oder vor ihn hinsetzt und sich kraulen läßt. Einfach so, ein paar Schmuseeinheiten anfordernd. Aber absolut niemals würde er so etwas sofort tun, der Mensch muß ihm angenehm sein, sympathisch. Wenn Schani irgend etwas nicht paßt, bleibt er auf seinem Platz.

Diese Zurückhaltung hat nichts mit Ängstlichkeit zu tun, denn wenn wir draußen unterwegs sind und eine einsame Gestalt auftaucht, die auch nicht gerade vertrauenerweckend aussieht, geht Schani drauflos, ganz dicht heran bis auf zwei, drei Meter, und bellt. Das würde er nicht machen, wenn er ängstlich wäre.

Als ich Schani bei Rosinchen in Wien beobachten konnte, war mir natürlich aufgefallen, daß er den Raufereien seiner Geschwister aus dem Weg ging und sich in eine stille Ecke verzog und daß er sich auch nicht so ohne weiteres betatschen und bekrabbeln ließ, wie es die anderen sehr gerne mochten. Ich hatte das damals schon auf seiner positiven Seite gebucht. Mir lag nicht an einem Hund, der sich in jedes Getümmel stürzen würde und mit größtem Vergnügen eine Balgerei anfing. Aber Schani wußte sehr wohl seine Rechte als Rüde zu wahren, später, wenn es darum ging, seinen Platz zu behaupten. Doch davon an anderer Stelle.

8
Erster Hundesommer

Die Sommertage vergingen. Schani mauserte sich vom tapsigen Welpen fast unmerklich zum geschmeidigen Junghund. Sein späteres Aussehen ließ sich jetzt erahnen. Er hatte noch lange zu wachsen und zu werden, aber die Proportionen seines Körpers rückten sich allmählich an die vorbestimmten Stellen und fügten sich aneinander, so wie sie bleiben würden.

Wir unternahmen jetzt weitere Ausflüge, wanderten schon zwei und auch drei Stunden mit ihm durch Berge und Täler. Er machte alles mit. Seine erste Fahrt mit einer Gondelbahn hinauf zur Spitze eines Berges nahm er so gelassen hin, als wäre er schon immer hundert Meter über dem Boden geschwebt, eingepfercht in eine kleine Kabine zwischen den Beinen von vier Insassen. Schweifwedelnd stieg er oben aus und hielt seine Nase in den Bergwind.

Über die weiten, weichen Almwiesen zu laufen war ein Hochgenuß für ihn. Ich liebte es auch, aus dem Bergwald herauszukommen und den Blick wieder frei zu haben in die Ferne, die Gipfel rundum zu sehen und die blauen Wasser unten im Tal. Ganz anders sicher *mein* Empfinden dabei, aber es war ganz deutlich, daß auch der Hund etwas empfand. Er tollte los, raste über die gras- und blumenreichen Flächen und machte Bocksprünge wie eine junge Ziege. Dann schmiß er sich hinein in die Weichheit und wälzte sich mit Genuß. Bei diesem Auf-den-Rücken-Werfen hatte Schani sehr früh seine eigene Methode entwickelt. Er warf sich nicht einfach ins Gras und drehte sich dann um, er brachte zunächst – auch aus vollem Lauf heraus – seine eine Kopfseite und die zugehörende Halsseite in Bodenkontakt, hielt den übrigen Körper mit den Hinterbeinen hochgestemmt und vollführte dann eine Art Schulterwurf, was ihn in Rückenlage brachte. Das Ganze sah ziemlich gefährlich aus, ich dachte, er würde sich dabei irgendwann einmal das Genick brechen. Aber er war offenbar so geschmeidig, daß nie etwas passierte.

Die Almen hatten aber auch ihre Tücken. Die dort oben weitgehend in Freiheit gehaltenen Rinder und Pferde liebten Hunde nicht sonderlich. So harmlos Stallvieh sein konnte, hier oben, wochen- und monatelang praktisch unbehütet, entwickelte es einen Urinstinkt gegenüber Hunden. Da brach etwas durch, Verhalten, das früher bei Wildrindern und Wildpferden gegenüber Wölfen wohl angebracht gewesen sein mochte, das einen als Hundebesitzer jedoch in verflixt unangenehme Situationen bringen konnte. Ich kannte das von früher, aus Erlebnissen mit anderen meiner vierbeinigen Begleiter.

Eben noch friedlich grasende Kühe hoben plötzlich die Köpfe, stierten mit ihren großen Glotzaugen den Hund aus der Entfernung an, stampften mächtig auf und schlugen mit den Schwänzen. Und dann konnte die ganze Herde plötzlich den Hund annehmen. Die Pferde waren da nicht anders. Vor ihnen hatte ich aber noch mehr Respekt. Sie konnten einen nicht nur über den Haufen rennen wie die Kühe, sondern auch noch nach hinten auskeilen.

Nun wäre ja ein normaler Hund etwas größeren Schlages eigentlich allemal in der Lage, zumindest einer

Kuhherde einfach dadurch zu entkommen, daß er Fersengeld gab und wegrannte. Genau das waren meine Gedanken gewesen, als ich zum erstenmal in solch mißliche Lage kam. Ich sah den Dingen damals recht gelassen entgegen, nur verhielt sich mein Hund, eine Deutsch-Langhaar-Hündin, völlig anders. Sie bekam es nämlich beim Anblick der heranstürmenden Kuhgewalt mit der Angst zu tun und flüchtete zwischen meine Beine. Da stand sie und zitterte, und weit und breit gab es keinen Baum, auf den ich hätte klettern können. Ich schrie einfach: »Mach Platz und legen«, und da Imme, wie sie hieß, aufs Wort parierte, legte sie sich hin und war damit im hohen Gras zunächst unsichtbar. Die Kühe hatten noch Abstand genug von uns, daß nun ich die Beine schwingen und die nächste Deckung erreichen konnte. Von dort aus pfiff ich dann dem Hund, der wie ein Blitz zu mir jagte, worauf wir uns beide schleunigst aus der Gegend davonmachten.

Ähnliche Erlebnisse gab es später noch mehr. Wenn ich auch aufpaßte und Kühe und Pferde möglichst weiträumig umging, war ich doch nicht sicher, daß hinter einem Buckel oder einigen Sträuchern plötzlich solche Urviecher auftauchten. Eine andere Cousine von mir, sie hieß Galathea, aber jedermann sagte Gali, bewies bei einem solchen Angriff einmal absolut harte Nerven. Sie war sowieso ein wunderbarer Kumpel in allen Lebenslagen und stets bereit, jeden Spaß mitzumachen.

Wir waren zusammen unterwegs, mit ihrem Dackel, auch oben in der Almregion, als eben wieder einige Dutzend Rinder auf uns losstürmten. Sie machten nämlich überhaupt keinen Unterschied, ob ein Hund klein oder groß war. Deckung gab es weit und breit keine, aber Gali trug einen Wetterfleck, diesen weiten Umhang, wie ihn die Einheimischen seit Generationen bei schlechtem Wetter um die Schultern schlagen. Kurzerhand packte sie den Dackel und ließ ihn darunter verschwinden. Die Kühe machten wenige Meter vor uns halt, und den Feind nicht mehr im Auge, trollten sie schließlich davon. Mit einem großen Hund ließe sich so ein Versteckspiel schlecht machen.

Mit Schani wichen wir also lieber den allenthalben grasenden Großtieren aus und suchten sehr ausgiebig das Gelände ab, bevor wir ein Ziel ansteuerten. Zum Glück gab es in diesem Sommer keine Zusammenstöße während unserer Touren.

Dafür fand sich ein alter umgestürzter und schon schön verwitterter Baumstamm, der zur Rast einlud. Claudia lehnte sich mit dem Rücken dagegen, und Schani machte es sich neben ihr bequem. Erwartungsvolle Blicke der beiden zu mir, daß ich mich auch lagern möchte, und wieder einmal kam mir diese Ähnlichkeit der beiden dunklen Haarzipfel auf den Stirnen von Weib und Hund ins Bewußtsein, so daß ich nicht umhin konnte, den Fotoapparat aus dem Rucksack zu holen und dies zu verewigen.

Schani würde offenbar nicht sehr groß werden, also nicht die Größe seiner Mutter erreichen. Das ließ sich schon abschätzen. Er würde so ein Halbhund sein. Dieses Wort »Halbhund« hat sich mir für Hunde eingeprägt, die irgendwo in der Mitte zwischen Schäferhund und Cockerspaniel rangieren, und zwar seit ich in meiner Schulzeit in Bayern von einem Lehrer einmal ein Buch bekommen hatte, in dem unter anderen bayerischen Geschichten die vom »Hundshandel« zu lesen war. Diese Geschichte drehte sich um einen Herrn Meier und einen Herrn Huber. Herr Meier will sich für sein kleines Häusl, das er gekauft hat, auch einen Hund anschaffen und geht zum Huber. Der Huber ist Hundshändler. Ein ganz schlitzohriger, der versucht, dem Meier alle möglichen Mischlinge anzudrehen, indem er deren äußerst fragwürdige Vorteile preist. Und je kleiner die Hunde sind, die er vorzeigen kann, um so teurer werden sie. Irgendwann während dieses Handels kommt dann eben auch der Halbhund ins Spiel. »Wie wär's nachat mit dem da, der is net so groß, daß er in ihr kloans Heisl net neipaßt, aber z'kloa is a a net. Des is gewissermaßen ein Halbhund, wie ma so sagt!«

Ich habe diese Geschichte nie wieder entdeckt, früher konnte ich sie auswendig. Inzwischen sind mir einige Pointen abhanden gekommen, aber das Ganze ging schließlich so aus: Wie gesagt wurden die Hunde immer kleiner und teurer, und als letzten Versuch holt der Huber einen Zwergpinscher hinter dem Ladentisch heraus. »Also, des is da Kloanste, den i hab. Der is fei arg praktisch, den kennans beim Stammtisch ind' Taschn neistecka!« Der Preis ist aber derart hoch, daß der Meier nur noch fragt: »Jetzt sagn's amoi, Herr Huber, wenn bei eana die Hund allwei teurer werden, je kloana se san, was kost nachat bei eane überhaupts kein Hund?«

Zurück zu Schani, dem Halbhund. Es war schon ganz praktisch, wenn er kleiner blieb als seine Mutter, da gab es weniger Probleme mit dem Platz im Auto. Bei einem wirklich großen Hund, den man oft im Auto mitnehmen will, muß man beinahe das Auto nach dem Hund kaufen. Schani würde noch gut vorne liegen können, vor dem Beifahrersitz. Dort hatte und habe ich meine Hunde fast immer. Da ist ein Hund gut aufgehoben, auch wenn es einmal kracht. Weit fliegen kann er da nicht. Sitzt er dagegen unangeschnallt auf dem Rücksitz, geht er bei einer scharfen Bremsung wie ein Geschoß nach vorne, landet entweder dem Fahrer im Nacken oder fliegt sogar durch die Windschutzscheibe, falls kein Absperrgitter vorhanden ist.

Schani gewöhnte sich an das Autofahren ebenso schnell wie an alles andere. Schon wenige Tage nachdem ich angekommen war, probierten wir es aus. Wir mußten nur einen kurzen Weg ins Dorf fahren, waren zuvor mit dem Hund etwas länger spazierengegangen, und er war wieder einmal müde. Er stieg vorne ein, plumpste wie üblich in sich zusammen und schlief auch schon. Im Dorf angekommen, sagte ich zu meiner Frau: »Geh du mal einkaufen, ich bleibe in der Nähe des Wagens, falls Schani aufwacht und unruhig wird!«

Ich vertrat mir die Beine und schaute von Zeit zu Zeit ins Auto. Schani schlief. Irgendwann wachte er auf, gähnte – was er meist mit einem lauten Quietscher verband –, setzte sich kurz hin, und schon lag er wieder und schlief weiter. Gesehen hatte er mich nicht. Und unruhig wurde er auch nicht.

Das Allererstaunlichste aber war für mich, daß Schani niemals Anstalten machte, *auf* den Sitz zu steigen, was noch sämtliche meiner Hunde stets am Anfang ihrer Mitfahrerei getan hatten. Es bleibt einfach nicht aus, daß ein Hund auf den Sitz kommt, sobald er sich, an das Auto noch nicht gewöhnt, verraten und verlassen vorkommt. Er muß dann nachschauen, wo Frauchen oder Herrchen sind, und das kann er von unten nicht, solange er noch klein ist. Vom Sitz aus läßt es sich durch die Scheiben schauen. Es braucht dann manchmal einige Tricks und harte Worte, bis man seinen Hund soweit hat, daß er unten bleibt, auch wenn's lange dauert.

Der junge Jagdhund von Freunden nahm bei einer derartigen Gelegenheit das Innere des Autos total auseinander, zerfetzte in der Panik des Verlassenseins sämtliche Sitze und holte die Deckenbespannung in Einzelteilen herunter. Sogar den Schalthebel und das Steuerrad nagte er an oder biß vor Wut hinein. Der Wagen war schrottreif.

Unser Wunderhund machte nichts dergleichen. Schani machte allerdings auch nichts, wenn ein Fremder den Autofenstern zu nahe kam. Was er tun würde, wenn ein Fremder *in* das Auto stieg oder auch nur hineingreifen wollte, weiß ich nicht. Die Situation hatten wir noch nicht. Vermutlich wird das aber kein Fremder ausprobieren wollen, weil der ja auch nicht wissen kann, wie der Hund dort drinnen reagiert. Immerhin war Schani auch hier von Zurückhaltung, ganz anders als mancher Hund vorher. Bonny, eine sonst äußerst verschmuste Cockerspanielhündin, wurde jedesmal zur rasenden Furie, sobald nur jemand, den sie nicht kannte, ins Wageninnere sehen wollte. Selbstverständlich sprang sie dann auf den Sitz, vergaß jede gute Erziehung und kläffte wie eine Verrückte.

Einem Zollbeamten an der Grenze zwischen Deutschland und Österreich bekam es nicht gut, als er mich bat, meinen Koffer auf dem Rücksitz öffnen zu dürfen. Da hing ihm Bonny schon am Ärmel seiner Lederjacke, und weil er recht beleibt war, hatte er große Mühe, seinen umfangreichen Bauch in aller gebotenen Eile aus der Autotür zu befreien. Er fand das auch überhaupt nicht komisch. Ich hielt mich allerdings für absolut nicht schuldig, weil der Beamte den Hund natürlich vorher bemerkt hatte, so wie der sich aufführte, und hätte wissen müssen, auf was er sich einließ. Mich ließ er dann sämtliche Koffer und sonstigen Gepäckstücke ausräumen und hielt sich eine halbe Stunde damit auf, gedankenverloren daneben zu stehen.

Es war gut, daß Schani mit dem Auto keine Schwierigkeiten machte, wir mußten allmählich an die Heimreise denken und die Koffer packen. Die Ferien und der Sommer waren vorüber, und Braunschweig lag gute acht Autostunden im Norden. Claudia meinte: »Eigentlich könnten wir hierbleiben und überwintern, Schani wird die Stadt gar nicht mögen«, zog dabei aber doch die Betten ab und verstaute Decken und Polster mäusesicher. Wir wollten am anderen Tag in aller Frühe losfahren und mußten die letzte Nacht auf einem Notlager verbringen. Wahrscheinlich hätte meine Frau solche Gedanken nicht gesponnen, wäre sie schon einmal im Winter in dem alten Haus aus dem 17. Jahrhundert gewesen. Da wurde es ungemütlich und bissig kalt, die dicken Steinmauern hielten die einmal eingedrungene Kälte und Feuchtigkeit eisern fest. Selbst im heißesten Sommer blieb es im Innern stets angenehm kühl, aber das war eben nur im Sommer von Vorteil.

»Wie ich unseren Hund inzwischen einschätze, ist es ihm ziemlich wurscht, ob er in der Stadt oder auf dem Lande lebt, Hauptsache, er kann bei uns sein. Er macht ja bisher jeden Blödsinn mit«, sagte ich und mußte blitzartig die Treppen hinunter in den ersten Stock ins Bad.

Es gab keinen Zweifel mehr: Ich hatte mir im letzten Moment, einen Tag vor unserer Abreise, die »Gilgner Krankheit« eingefangen, die sich einem urplötzlich auf Magen und Gedärm schlug und von der kein Arzt genau wußte, aus welchem Anlaß sie einen überfiel. Das versprach eine ungute Fahrt zu werden am nächsten Tag. Aber es half nichts, wir mußten.

Zurück in unserem Zimmer, fischte ich die letzten Salzstangen aus einer Blechdose und fand bei meinem Sohn noch eine Flasche Coca-Cola. Vielleicht half das ein wenig.

Wir gingen los, um rundum Hände zu schütteln und einen schönen Winter zu wünschen, und Schani trottete mit. Er kannte längst alle Leute und alle Häuser, wedelte freundlich bei jedem, den er traf, und holte sich der Reihe nach seine Streicheleinheiten ab.

Als das überstanden war, hoben wir ihn zum letztenmal in seine Kiste. Er war längst absolut stubenrein und hätte auch in einem normalen Hundekorb schlafen können, aber erstens hatten wir einen solchen noch nicht, und dann liebte er auch seine Kiste und fühlte sich dort drinnen wohl und geborgen. Plumps, machte es, dann rollten auch wir uns in den etwas kratzigen Decken zusammen.

Für mich wurde es eine unruhige Nacht. Am Morgen war ich entsprechend unausgeschlafen und sagte Claudia, daß sie wohl die meiste Zeit am Steuer werde sitzen müssen. »Kein Problem«, war ihre Reaktion, »ich bin fit wie ein Mungo!«

Der Mungo wurde dann im Verlauf der Reise ziemlich nervös und gestreßt. Sonst gewohnt, längere Fahrten zügig hinter uns zu bringen und eine Rast nur einzulegen, wenn es unbedingt sein mußte, flehte ich diesmal jede erreichbare Raststätte eilig herbei, so daß wir ständig haltmachten und nicht recht vorwärtskamen. Da wir diese erzwungenen Gelegenheiten auch nutzten, um Schani seine Geschäfte machen zu lassen, wozu Claudia von den Parkplätzen fort irgendwo im Unterholz verschwand, zog sich alles noch mehr in die Länge.

9
Die Panne mit dem Weihnachtsbaum

Nach über zehn Stunden tauchte endlich Braunschweigs Silhouette am Horizont auf. Wir kamen nach Hause.

Für mich war es jedesmal wieder ein leichter Schock, wenn ich aus den lieblichen südlichen Gefilden mit Hügeln, Bergen, Seen und bunten Wiesen in die nördliche Weizen- und Rübensteppe einfuhr, obwohl ich mich in all den Jahren daran hätte gewöhnen müssen. Ich konnte es nicht. Dazu war mein Hirn zu bayerisch und mein Herz zu österreichisch. Ich brauchte immer einige Tage, um schließlich mit beiden Füßen auf dem Flachland Halt zu finden.

Wir fuhren in den Hof des von außen nicht gerade als architektonisches Meisterwerk zu bezeichnenden Wohnblocks, in dem sich unser Appartement befand, hielten und ließen Schani aus dem Auto. Zum erstenmal sah er rund um sich nichts als hohe Häuser und versiegelte Höfe und Wege. Es schien ihn nicht zu beeindrucken. Claudia sagte: »Hoffentlich kommt er die Treppen hinauf, ohne sich die Knochen zu brechen!« Schani war nur die Holztreppen im Brunnwinkler Haus gewohnt, und bei meiner Cousine hatte er sich nur im Erdgeschoß und im Garten herumgetrieben. Glatte Treppen zu steigen war ihm bisher unbekannt. Er ging aber neben uns, die wir das Gepäck schleppten und keine Hand zur Hilfe frei hatten, ins zweite Stockwerk hinauf, als wäre das gar nichts, rutschte nicht aus und zeigte auch keine Hemmungen.

Er *wußte* noch nicht, was glatt bedeutet. Und weil er es nicht wußte, trat er ganz normal mit seinen Zehenballen auf, auf denen er nicht rutschen konnte.

Erst nachdem Schani im folgenden Winter auf einem spiegelglatt zugefrorenen Teich ein paar Meter dahingeschlittert war und dann, alle Viere nach den vier Himmelsrichtungen gestreckt, verkrampft auf dem Bauch lag, hatte er seine Erfahrung gemacht. Von da an gab es bei glatten, spiegelnden Böden oder Treppen Probleme.

Manchmal vergaß er es offenbar, dann ging er auch auf blanken Marmorböden völlig normal, aber wenn ihm irgend etwas ins Bewußtsein brachte, daß Spiegeln mit Ausrutschen zusammenhing, stellte er sich furchtbar an. Er fuhr dann nämlich alle seine Krallen mit weit gespreizten Zehen aus und rutschte so erst recht. Auf nicht völlig glattem Boden, wie er in der Natur ja meist vorhanden ist, hätten ihm die gespreizten Krallen sicher geholfen, Halt zu finden. Auf meterweiten gebohnerten und gewischten Böden bot er ein Bild des Erbarmens. Je mehr er sich anstrengte, das Rutschen zu vermeiden, um so weiter gingen seine Beine auseinander, und wenn er dann die Sache mit Schwung zu bewältigen versuchte, war's natürlich erst recht vorbei. Ebenerdig passierte nicht viel, doch auf Treppen schlug er sich häufig die Knochen an die Kanten, was dann auch weh tat und ihn noch unsicherer werden ließ.

Solange er noch jünger war und sein volles Gewicht nicht erreicht hatte, ließ er sich tragen, aber später wurde das unmöglich. Wir mußten jetzt einfach Geduld aufbringen und ihn unter viel gutem Zureden über die schwierigen Stellen bringen. Und glatte Stufen, wie etwa bei mir im Museum, die ihm von klein an vertraut waren, ohne durch sie eine negative Erfahrung gemacht zu haben, machten ihm auch weiterhin fast nie etwas aus.

Wir hatten ausgepackt, das Notwendigste nach einer Heimkehr war erledigt. Mir ging es besser – die Gilgner Krankheit dauert gottlob nie lange –, und ich hatte Durst auf ein kühles Bier. Ich sagte: »Entweder es zerreißt mich gleich, oder die Sache ist vorüber!« und trank mit Genuß. Meine Frau auch. Schani lag auf seiner Decke im Flur und schlief wie ein Toter. Die Fahrt hatte ihn müde gemacht, es fehlte ihm sein Mittagsschläfchen, das er sonst immer hielt. Im Auto mit dem ständigen Rein und Raus war er nicht zum richtigen Schlafen gekommen. Wir wußten nicht, ob er überhaupt mitbekommen hatte, daß er in völlig neuer Umgebung war. Wahrscheinlich nicht. Sein Fressen kurz nach der Ankunft war ihm bekommen, aber dann hatte er sich zusammengerollt, nicht einmal gewahr, daß seine Kiste fehlte. Wir würden gleich am kommenden Tag einen Korb für ihn kaufen.

Jetzt also waren wir zu dritt. Endlich auch hier in Braunschweig wieder ein Hund dabei. Wie es wohl im Alltag mit ihm gehen würde?

Es ging weiterhin problemlos. Tagsüber nahm ich ihn mit in mein Büro, wo er sich absolut ruhig verhielt. Morgens, vor dem Büro, ein Gang mit ihm, mittags ein kleiner Auslauf und nach dem Dienst der verdiente große Spaziergang.

In den Herbstferien logierten wir uns in einem ländlichen Gasthof nicht weit von Bremen ein, wanderten durch die Wälder und hielten nach Pilzen Ausschau. Es gab schon recht kalte Nächte, Schani hatte seinen Korb unter dem Fenster – was dumm von uns war –, bekam Zug auf seinen Bauch und handelte sich eine Blasenentzündung ein. Die war bald ausgeheilt, aber einige Tage und Nächte mußte er alle ein oder zwei Stunden hinaus, und Claudia und ich wechselten uns damit ab, wenig Schlaf zu bekommen. Es war aber unsere eigene Schuld, wir hätten ihn nicht direkt unter dem Fenster liegen lassen dürfen.

Und dann kam Weihnachten, seit langem wieder ein Weihnachten mit Hund. Und mit ihm Schanis erster eigentlicher Ausrutscher in Sachen Dummheiten machen. Aber auch daran hatten wir schuld, zumindest indirekt.

Unser kleiner Weihnachtsbaum stand in unserem Wohnzimmer am Boden. Ich hatte ihn auf bayerisch geschmückt, das heißt mit viel Gehängsel daran, bunt und prall. Nüsse hingen da, kleine Holzfiguren, Zinnsachen, bunte Kugeln natürlich auch, und was sonst so dazugehört.

Schani verfolgte meine Bemühungen, den Baum schön ordentlich zu dekorieren, mit geringem Interesse und beobachtete meine Tätigkeit von seinem Korb aus, der im selben Raum stand. Als ich fertig war, ging er einmal zum Baum und schnüffelte an den unteren Zweigen, aber nachdem ich »Aus, pfui« gesagt hatte, verzog er sich.

Am nächsten Morgen stand meine Frau vor mir auf. Ich hörte, als sie ins Wohnzimmer kam, ein »Huuch!« und gleich danach: »Ja, Schani, was hast denn du gemacht!« Und dann in meine Richtung: »Komm doch mal schnell!«

Ich schoß unter den Decken heraus und ins Wohnzimmer, und da stand mein Weihnachtsbaum von gestern, aber kahl bis auf die Glaskugeln und die Kerzen in ihren Haltern.

Um ihn auf dem Boden verstreut lag der Rest, die Nüsse geknackt, die Holzfiguren zerbissen und die Zinnfiguren verbogen. Ein winziges Jesuskind aus Wachs, das in eine halbe Walnußschale gebettet gewesen war, war den Hundezähnen entkommen und krümmte sich schutzlos, seines Bettes beraubt, auf dem Teppich. Von einem kleinen geschnitzten Hirten fanden wir nur noch den Stab, der aus Draht war, und von einem schwebenden Engelchen den Heiligenschein aus Feinblech.

Unser Hund, unser braver, folgsamer, gesitteter, nichts anrührender, hatte den Weihnachtsbaum in der Nacht abgeräumt, gefleddert, und schlichtweg alles niedergemacht.

Und wieso? Auf einmal?

Es war ein klarer Fall. Wir hatten Schani oft Walnüsse gegeben, die er aufknackte und deren Inhalt er mit seinen oberen und unteren Schneidezähnen sehr gekonnt herauslöste, ohne dabei etwas von der harten Schale zu schlucken. Ich weiß nicht, wie er das machte, weil ja Nüsse nicht unbedingt zur bevorzugten Nahrung der Hunde zählen, aber er pulte die Kerne aus wie ein Eichhörnchen.

Und nun hingen da solche Nüsse, die er ja durfte, vor seiner Nase, und mein »Aus, pfui« am Abend vorher war auch nicht so ganz streng gewesen. Da hatte er sich eben bedient, und nachdem er keine Nüsse mehr fand, probierte er die übrigen Dinge durch. Die schmeckten nicht ganz so gut, rochen aber auf jeden Fall nach mir, weil ich sie ja in den Fingern gehabt hatte, also konnte er auch darauf herumbeißen und das eine oder andere gleich hinunterschlucken.

Er hatte auch überhaupt kein schlechtes Gewissen. Nicht die Spur. An den Tatort beordert, schnupperte er schwanzwedelnd an den traurigen Überresten, als wollte er uns sagen: »Was ist, ich hab' ein paar Nüsse gefressen, darf ich ja, also was?«

Wir straften ihn nicht, brummten ein bißchen, aber das war es dann schon. Wir machten uns weit mehr Sorgen, ob dem Hund das Holz und was er sonst noch verschluckt haben mochte, bekommen würde. So genau wußten wir auch nicht mehr, was ich da alles aufgehängt hatte. Vielleicht steckte ihm ein Draht quer im Darm. Aber es passierte nichts, Schani blieb gesund und munter, mit der ganzen Weihnachtsbaumdekoration im Bauch.

10
Im Nußbergpark

»Hallo, Charly!«

Das Frauchen von Senta, einer älteren Irisch-Setter-Hündin, begrüßte uns. Meinen Namen wußte sie nicht, und ich den ihren auch nicht. Man traf sich so beim Hundespaziergang auf dem Nußberg.

Der Nußberg hätte eigentlich Hundsberg heißen müssen, weil hier, besonders früh am Morgen und am späten Nachmittag, so ziemlich sämtliche Hunde der näheren Umgebung zusammenkamen. Auf dem Nußberg mit seinen großen Wiesenflächen und dem alten Baumbestand durften sich Hunde noch wie Hunde benehmen, brauchten nicht an der Leine zu gehen und schon gar keinen Maulkorb zu tragen. Sie konnten rennen und toben, miteinander spielen und ab und zu auch ein bißchen raufen. Zu richtigen Raufereien kam es fast nie, und wenn sich einmal ein ungesitteter oder besser: schlecht erzogener Hund mitsamt seinem Besitzer einschlich, kamen beide so schnell nicht wieder. Der Zorn aller anderen traf solche Flegel mit geballter Macht.

Der Nußberg mit seinen weiten Parkanlagen war weithin bekannt als *der* Hundeauslauf, und so reisten sogar Hundebesitzer von der gegenüberliegenden Seite der Stadt mit dem Auto an, um ihren Vierbeinern die Freude ungetrübten Auslaufs zu verschaffen. Störenfriede wollte man da nicht haben, also gab man denen das deutlich zu verstehen.

Man kannte die Hunde besser und schneller beim Namen als die zugehörigen Herrchen oder Frauchen, auch wenn sich manchmal Fehler einschlichen. So wie eben. »Hallo, Charly!«

»Er heißt nicht Charly!«

»Nicht Charly? Wie heißt er denn?«

»Schani!«

»Ach so, Scharly!«

»Scha-ni!«

»Wie alt ist denn Charly!«

Vielleicht war sie ja etwas schwerhörig. »Fünf Monate ist er!«

»Also, Charly, dann spiel mal schön, ich wünsche noch einen schönen Tag!«

O ja, höflich war man auf dem Nußberg. Ein paar verbindliche Worte waren immer drin, und wenn man sich schon nicht direkt über den Weg lief, sondern eine Hundebekanntschaft nur aus der Ferne sah, dann zuckte auf jeden Fall ein Arm zum Gruß in die Höhe, oder ich lüpfte meinen Hut. Aus diesem Grund trage ich übrigens nicht oft einen Hut. Dauernd muß ich dann lüpfen. Ich trage lieber eine Schirmmütze, die kann ich sitzen lassen, ohne unhöflich zu erscheinen.

Ich war mit Schani fast jeden Tag mindestens zweimal auf dem Nußberg. Hier wurde er in das Leben eingeführt und in die Gemeinschaft mit anderen Hunden. Als Noch-Welpe hatte er kaum etwas von ihnen zu befürchten, sie nahmen ihn zu dieser Zeit nicht ernst. Und wenn er doch einmal an einen brummigen älteren Grobian geriet, dann warf er sich auf den Rücken und zeigte seinen Bauch, womit die Geschichte erledigt war. Er konnte ja noch nicht einmal das Bein heben, sondern setzte sich wie eine Hündin ins Gras.

Schani mußte aber nicht nur den Umgang mit anderen Hunden lernen und erfahren, es galt auch, ihm jetzt die notwendigen Spielregeln im Zusammensein mit Menschen beizubringen. Dazu gehörten die wichtigsten Kommandos wie »Sitz«, »Legen« oder »Bei Fuß gehen«. Schani lernte alles schnell. Er mochte es überhaupt nicht, wenn man mit ihm schimpfen oder ihn anders strafen mußte. Er war nämlich sensibel, sehr sogar, und das hing wieder mit seinem Charakter zusammen, allem Streit und allem Lärmenden aus dem Weg zu gehen. Schon als Junghund machte er um bellende Artgenossen einen möglichst großen Bogen, und nach einer etwas lauteren Strafpredigt ließ er Ohren und Schwanz hängen, als hätte man ihn fürchterlich verprügelt. Prügel bekam er natürlich nie, kaum je einen Klaps auf den Po, es war einfach nicht notwendig.

Irgendwann während dieser ersten Nußbergausflüge kam er zu seinem dritten Namen neben Schani und Waggi – Fuzzi. Ich kann nicht mehr sagen, wie er ihn sich einhandelte, aber dieses Fuzzi ließ sich fabelhaft sowohl auf dem F als auch auf dem Z betonen, in die Länge ziehen und recht scharf herausrufen. Und allein ein betontes Ffuzzzi konnte ihn bewegen, eine geplante Tat aufzugeben.

Sicher, es brauchte schon einmal etwas mehr Nachdruck, um ihn davon zu überzeugen, daß nicht alles, was er lustig fand, auch von mir oder Claudia oder gar anderen Menschen ebenfalls positiv aufgenommen wurde.

Das wurde jedoch erst später notwendig, in der Zeit, als Schani die Geschlechtsreife erreichte und nun versuchte, aufzumucken, um herauszufinden, wer das Sagen hatte.

Aber mit einer Hundebesitzerin verdarben wir es uns

gründlich. Schani wäre ja nicht nur in meinen mit Besitzerstolz übertriebenen Beschreibungen eine Art Wunderhund, sondern er wäre tatsächlich einer, hätte er nicht ab und zu auch Mist gebaut.

Gleich uns wandelte jene Dame täglich durch den Park mit ihrem Zwergschnauzer Piffi. Sie war älter, trug einen Bubikopfhaarschnitt und lange Hosen. Ihre Beine waren kräftig, um es dezent auszudrücken, und ich stufte sie nach einigen Begegnungen in die Kategorie »pensionierte Oberstudienrätin« ein.

Sie verzog nicht gerne das Gesicht in die Richtung einer gewissen Freundlichkeit, was heißt, daß sie abweisend alles betrachtete, was in ihr Blickfeld geriet. Selbst Schanis Zipfelmütze ließ sie kühl und reserviert bleiben, und über ein trockenes »Guten Tag« kam es bei Begegnungen nicht hinaus.

Piffi folgte ihr stets dicht aufgeschlossen, mit seiner Nase nur ein paar Zentimeter von einem ihrer Absätze entfernt, absolut folgsam und unterwürfig, der Strafe gewiß, sollte er sich einmal erlauben, eigenen Willen zu haben. Frau Oberstudienrätin hatte ihn im Griff, der Rohrstock war wohl früher zur Belehrung über Tat und Untat des öfteren aus seiner Ecke hervorgeholt worden.

Anfangs versuchte Schani, mit diesem Hund zu spielen, aber alle seine Aufforderungen schlugen fehl, weil sich Piffi von seiner Absatzkleberei nicht abbringen ließ. So gab Schani es auf und gönnte dann auch der Dame bald keinen einzigen Schwanzwedler mehr. Man schritt befremdet aneinander vorüber, und das »Guten Tag« hing wie eine unausgefüllte Sprechblase in der Parkluft.

Es war Winter, Schani war ein Dreivierteljahr alt und eben dazu übergegangen, beim Pfützchenmachen sein

Bein zu heben. Kalt war es, und der Schnee lag hoch. Frau Oberstudienrätin hatte sich, der Glanz der Neuheit war nicht zu übersehen, ein Paar Lederstiefel angeschafft, hoch bis unter die Knie, und stapfte mit diesen fußwarm und etwas schwerfällig über den Nußberg. Obenherum trug sie einen Mantel, der oberhalb der Knie endete. Zwischen Mantelsaum und Stiefelrand blieb also eine Lücke. Dies ist für das nachfolgende Geschehen nicht ganz unwichtig.

Schani und ich trafen auf das Gespann, kurz nachdem wir das Haus verlassen hatten. Mein kleiner Hund war noch nicht ganz wach, aber die volle Blase drückte ihn mächtig.

Wir kommen aufeinander zu, Frau Oberstudienrätin bleibt kurz stehen, um zu verschnaufen, der Schnee ist schwer, und in den neuen, dicken Stiefeln schreitet es sich nicht ganz mühelos.

Schani eilt mir voraus, der dunklen Gestalt entgegen, und während mir diese wie immer gestreng entgegenblickt, verhält er an ihrem linken Bein, hebt sein linkes Bein und erleichtert sich in den Stiefel hinein. Die Höhe paßte zufällig haargenau. Er muß diesen Stampfer schlichtweg mit einem Baum verwechselt haben.

Da Schani vom etwas ausladenden Mantel verdeckt war, hatte ihn die Dame gar nicht wahrgenommen, und erst einige Sekunden später, als es im Stiefel feucht und warm wurde, schaute sie hinunter und konnte noch eben Schanis Schwanzspitze erkennen, die gleich darauf nach hinten verschwand.

Ihre ohnehin starren Gesichtszüge nahmen daraufhin das Aussehen tiefgefrorener Elefantenhaut an, und sie schnappte nach Luft.

»Ihr Hund … Ihr Hund hat … Ihr Hund hat soeben

in meinen Stiefel gemacht! Das ist ja ... das ist ja unerhört! Unerhört ist das!«

Ich mußte leider lachen. Nicht so lauthals, nein doch, aber genug, daß sie sah, ich lachte. Die ganze Situation war aber auch umwerfend komisch. Wie der kleine Hund da am Bein steht, am gestiefelten Bein, völlig traumwandlerisch sein Beinchen hebt, mit dem unschuldigsten Gesichtsausdruck der Welt, und mit der Zielsicherheit eines Olympiaschützen den Spalt zwischen Mantelsaum, Stiefelrand und Damenbein trifft.

Mein – verhaltenes – Lachen brachte zwar nicht den Stiefel, aber das Faß zum Überlaufen, und ich wurde entsprechend angefaucht. Ja gut, es war mir dann ja auch peinlich. Mußte Schani aber auch ausgerechnet der Frau Oberstudienrätin, oder was sie auch sein mochte, ans Bein gehen! Bei jeder anderen Hundebesitzerin hier im Park wäre das nach dem ersten Schrecken halb so schlimm gewesen, und wahrscheinlich hätte dann nicht nur ich lachen müssen.

Meine selbstverständlich ausgedrückten Entschuldigungen für meinen Hund und mein Hinweis, ich beziehungsweise der Hund seien versichert, sie möge mir die Rechnung für ein neues Stiefelpaar zuschicken, zeigten keinen Erfolg, die Dame blieb verstimmt, zog schließlich weiter, wobei sie anhaltend vor sich hinschimpfte.

Auch ich setzte meinen Weg in die andere Richtung fort und dachte noch, daß sie nun ganz bestimmt zumindest ein warmes Bein haben würde und einen Stiefel, der nur an Geschmeidigkeit gewonnen haben konnte.

Es kam auch keine Rechnung, man ließ offenbar den Vorfall auf sich beruhen, und ich machte in Zukunft mit Schani einen großen Bogen um Piffi und seine Besitzerin.

Nie wieder hat sich Schani an einem Bein vergriffen, nicht einmal ansatzweise. Er muß an jenem Morgen wirklich noch halb im Schlaf gewesen sein, anders kann ich es mir nicht erklären.

Es gibt ja tatsächlich Rüden, die ungeniert und immer wieder einen Menschen als Baumersatz hernehmen, was natürlich alles andere als gute Erziehung darstellt und darauf schließen läßt, daß die Besitzer die Hunde einfach machen lassen, ohne einzuschreiten. Die Unsitte ist leicht abzugewöhnen, und ein paar kräftige Klapse auf den Hundehintern, in flagranti erwischt, belehren ihn rasch, sich andere Objekte zu suchen.

11
Die »Wiener Bracke«

Bei den morgendlichen und abendlichen Gängen über den Nußberg kam man mit den anderen Hundebesitzern nach einiger Zeit automatisch auch ins Gespräch, und kleinere oder größere Grüppchen taten sich zusammen. Alles drehte sich um die Hunde, und während die jungen miteinander spielten und die älteren mehr oder weniger gelassen diesen Spielen zusahen und sich auch einmal dazu verleiten ließen, mitzumachen, tauschte man Fragen und Erfahrungen aus. Es kam zwar nicht viel dabei heraus, weil jeder meinte, er wisse über Hunde sowieso am besten Bescheid, aber man lernte sich untereinander kennen und einschätzen. Vor allem aber lernten sich die Hunde kennen, und das war überaus wichtig, weil sich dadurch später, wenn die Jungen herangewachsen waren, ernsthafte Auseinandersetzungen vermeiden ließen.

Eines Tages tauchte, wie ab und zu einmal, wieder eine neue Gestalt männlichen Geschlechts mit einem neuen Hund auf. Einem Jagdhund. Die beiden mischten sich schnell in die bestehende Gruppe ein, der Hund allerdings besser als sein Herrchen. Der schien nun nämlich wirklich alles über Hunde zu wissen und bot auch gleich noch seine Dienste bei der Erziehung an.

Ich dachte: Na, warte ein wenig, und brauchte gar nicht lange zu warten, denn als Schani in das Blickfeld des jungen Alleswissers kam, wurden dessen Augen groß. »Ach, wen haben wir denn hier? Ist das Ihr Hund?« Und die Augen richteten sich auf mich.

»Ja!«

»Was ist *das* denn für eine Rasse?«

»Eine Wiener Bracke.«

Oha, da schluckte er erst einmal.

»Bitte? Eine Wiener Bracke? Das habe ich noch nie gehört!« Mißtrauen kam auf. Die Umstehenden lauschten sehr angespannt.

»Das macht doch nichts«, sagte ich verbindlich, »ist auch gar nicht verwunderlich. Es ist eine recht neue Rasse!«

Er wurde unsicher, sehr gut. Er meinte: »Die Österreichische Bracke ist mir ein Begriff, die gab's früher einmal, aber eine Wiener?«

»Ja genau, aus der früheren Österreichischen Bracke ist jetzt die Wiener Zucht entstanden, die Hunde sind nur heller. Wie meiner. Und nicht ganz so langohrig!« Das sagte ich vorsichtshalber, denn ich war mir nicht so sicher, ob Schanis Ohren beim Heranwachsen mithalten würden, und womöglich roch der Herr dann den Braten. Zunächst schluckte er ihn kräftig, aber weil ich weiteren bohrenden und unter Umständen verfänglichen Fragen aus dem Wege gehen wollte, machte ich mich nach einem höflichen »Guten Tag« mit Schani auf den Marsch.

Als ich nach Hause kam, erzählte ich Claudia von unserem Gespräch. »Den hab' ich schön geleimt«, sagte ich. »So ein Besserwisser, dem mußte ich die Wiener Bracke einfach verkaufen!«

Sie lachte. Sie lachte aber gar nicht mehr, als sie ein paar Tage später dem jungen Mann begegnete und mit Fragen eingedeckt wurde. Irgendwie konnte sie rechtzeitig entkommen, und wir legten uns ein paar Strategien für künftige Befragungen zurecht. Er ließ nicht so schnell locker. »Wofür wird denn die Wiener Bracke jagdlich gebraucht?« wollte er zum Beispiel wissen. Da war ich aber vorbereitet.

»Zur Hirschjagd in den Donauauen! Er ist ein guter Schwimmer, und Wasser scheut er überhaupt nicht!«

Dies zu behaupten war nicht sehr klug von mir, denn Schani verzog schon die Nase, wenn es nur ein paar Tropfen regnete. Zum Glück schien eben die Sonne. Oder dann: »Was kostet denn so ein Hund, ist ja sicher nicht billig, wenn das mit der neuen Rasse stimmt!« Zweifelte der wohl an meinen Worten? Für Schani hatte ich außer Futtergeld und den Kosten für die Impfungen nichts an Rosinchen zu zahlen brauchen, aber jetzt kamen mir die »zehntausend Schilling« wie ein Blitz über die Lippen. Diese Summe schien zu beeindrucken, so schnell konnte man auch nicht in DM umrechnen, und es wurde in der Runde genickt. Zustimmend. Für zehntausend Schilling mußte der Hund schon eine gewichtige Rasse sein. Nur mein Kontrahent nickte nicht mit. Er blieb mißtrauisch. Womöglich verstand er doch recht viel von Hunden und brachte das nur etwas aufdringlich rüber.

Ich hatte aber noch einen Trumpf in der Hand. Wie schon erzählt, war mir in einem alten Hundebuch in der Bibliothek des Naturhistorischen Museums die Abbildung, ein Stich, der Österreichischen Bracke untergekommen. Ich kopierte sie, schwarzweiß, so daß einige Feinheiten unterschlagen wurden, und nahm sie mit auf den Nußberg. Die Ähnlichkeit mit meinem Hund war verblüffend, wie alle zugeben mußten. Also, Schani war eine Wiener Bracke, basta!

Ich pries ihn noch öfters unter diesem Titel an, die meisten glaubten es auch, besonders die Jäger. Da sie wußten, daß ich zumindest noch gelegentlich selbst jagte, war für sie ganz klar, daß ich mir nur einen Jagdhund zulegen würde, wenn schon überhaupt einen.

Und in Schani steckte tatsächlich Jagdhundblut, das wurde mir sehr bald klar. Er besaß eine hervorragende Nase, witterte alles und jedes, und wenn schon fünfzehn andere Hunde an einem Busch vorbeigegangen waren, hinter dem ein Kaninchen saß – er stöberte es heraus. Amseln zum Beispiel – und außer Kaninchen und Amseln war nicht viel anderes Getier auf dem Nußberg zu finden – roch er auf viele Meter und scheuchte sie auf einen Ast. Einmal zeigte er mir einen Maulwurf an, der eben im Begriff war, sich einzugraben und von dem nur mehr der Schwanz über die Erde hinausragte. Schani stoppte mitten im Lauf, drehte bei, stand vor und hielt die Nase zur Wiese. Dort dann, sechs Meter entfernt, entdeckte ich den Maulwurf.

Ich wollte den Hund aber nicht scharf machen auf Jagd und Jagen. Niederwild wurde immer seltener, wurde vielerorts nicht mehr bejagt, und ich selbst ging zwar noch ab und zu auf einen Bock oder eine Ricke, ließ aber die Flinte für Hasen, Fasane oder Kaninchen lieber im Schrank. Es würde auch viel einfacher sein, mit Schani durch Wald und Flur zu streifen, wenn er nicht mehr, als ihm offenbar ohnehin angeboren war, auf Wild fixiert wurde.

Doch dann brachte er mir eines Tages seine erste »Beute«, ganz ohne mein Zutun. Es war im Spätsommer, die Schwalben sammelten sich zum Abzug. Wir machten einen Spaziergang außerhalb des Parks, und plötzlich merkte ich, daß Schani mit seinem »Ich weiß nicht, ob ich das, was ich im Maul habe, im Maul haben darf«-Gesicht hinter mir herschlich. Er machte das immer, wenn er etwas gefunden hatte, von dem er eben nicht sicher war, ob es meine Billigung fand. Mit einem Stück Knochen etwa trabte oder besser schlich er dicht an meinen Beinen, so auffällig unauffällig, daß ich es früher oder später bemerken mußte.

Ich blieb stehen und ließ ihn kommen. Er setzte sich hin, und aus seinem Maul ragten zwei Schwanzfederspitzen eines Vogels. Ich sagte: »Spuck's aus«, und Schani ließ eine junge, völlig unversehrte Schwalbe in meine Hand gleiten.

Nachdem ich den Unglücksvogel etwas näher betrachtet hatte, ließ sich die ganze Geschichte rekonstruieren. Die Spitzen der beiden längsten Flügelfedern rechts und links waren miteinander verklebt, so daß sich die Flügel nicht ausbreiten konnten. Die junge Schwalbe mußte auf einem Leitungsdraht gesessen haben, die letzte Nacht wahrscheinlich, und zwar auf einem unten liegenden Draht. Eine Schwalbe über ihr hatte ein Bätzchen fallen lassen und die Flügelspitzen getroffen. Bis zum Morgen war der Kitt erhärtet, und die junge Schwalbe, beim Versuch abzufliegen, auf den Boden gefallen. Hier nun hatte Schani sie gefunden, ins Maul genommen und mir gebracht.

Ich löste vorsichtig die Federn voneinander, die Schwalbe flog davon, und Schani bekam recht viele lobende Worte und eine gehörige Portion Streicheleinheiten.

Ein andermal brachte er mir eine Amsel, die allerdings schon tot gewesen sein mußte, als er sie fand, und später dann auch das eine oder andere Kaninchen. Meist hatten sie die Myxomatose und waren nicht mehr fähig, sich zu orientieren, wären also sowieso bald eingegangen. Darüber hinaus aber stachelte ich den Hund nicht zu jagdlichen Leistungen an und freute mich nur, daß er so gut mit seiner Nase umzugehen wußte, wodurch er auch mich auf alles mögliche aufmerksam machte.

So war mir bislang unbekannt gewesen, daß Schlangen einen Duft, welcher Art auch immer, verströmten. Schani belehrte mich da eines Besseren. Als wir übers Jahr wieder nach Brunnwinkl kamen und bei sonnigem Wetter den Uferweg entlanggingen, blieb er plötzlich stehen, machte große Hängeohren und streckte seine Nase über die steil abfallende Böschung aus grob übereinandergeschichteten Steinen. Was da unten los war, konnte er nicht sehen, aber als ich mich weit nach vorne beugte, sah ich eine Ringelnatter unten auf einem der Steine in der Sonne liegen.

Schani hatte sie gerochen. Und von da an zeigte er mir, stehenbleibend und mit der Nase deutend, jede Schlange, die sich irgendwo unterhalb des Weges befand. Selbst Schlangenhäute machten ihn wild, und er zerrupfte sie in kleine Einzelteile. An die lebenden Schlangen durfte er selbstverständlich nicht die Zähne anlegen, das verbot ich ihm von Anfang an nachdrücklich.

Schani hatte nicht viel Gelegenheit, Beute zu apportieren, große schon gar nicht. Gelegentlich erwischte er ein krankes Kaninchen, das er dann vorschriftsmäßig zu mir brachte. Und Mäuse fraß er ganz einfach auf. Sehr zu meiner Verwunderung, weil ich nicht gedacht hatte, daß mein zurückhaltender Hund derartige Freßgewohnheiten seiner Urahnen in sich barg.

Ich weiß nicht, ob er jemals vorher Mäuse verspeist hatte, unbemerkt. Jedenfalls war er mit dem ihm vorgesetzten Fressen in seiner Futterschüssel eher heikel, und

Dosenfutter war für ihn nicht gleich Dosenfutter. Die eine Sorte mochte er, die andere nicht und rührte sie nicht an.

So kamen wir eines Tages zufällig des Weges, als ein Landwirt eine Wiese, die längere Zeit brachgelegen haben mußte, wild, wie sie aussah, mit einem Balkenmäher bearbeitete. Er schnitt die Halme und alles Kraut dicht über dem Boden ab, wodurch die zahlreichen Mäuse, die hier einige Jahre ein ungestörtes Dasein gefristet hatten, ihres Heimes und ihrer Deckung beraubt wurden. Sie sprangen verstört durch die Gegend, fanden ihr Nest und ihr Schlupfloch nicht mehr, und mein Hund tat sich gütlich.

Er schnappte sich einen Nager nach dem anderen, ein Biß, ein kurzes Knautschen, und schon schluckte er die Maus hinunter, als wär's ein Wurstzipfel. Ganz gierig sah er dabei aus, ganz Wildhund. Ich staunte nicht schlecht und anderntags noch mehr darüber, daß von der Mäusemahlzeit nichts zu finden war, weder Ausgespucktes noch sonst etwas. Schani hatte sie mit Butz und Stengel verdaut.

Und dann, in Brunnwinkl, hatte er sein großes Apportiererlebnis. Ich war nicht dabei, meine Frau war mit ihm auf einem Spaziergang und mußte, als sie nach Hause kam, erst einmal durchatmen und sich wieder fangen, bevor sie mir berichten konnte. Außerdem schaute sie sich dauernd um, als wäre jemand hinter ihr her.

Ich fragte schließlich: »Was ist denn los, wirst du verfolgt, oder warum bist du so außer Puste und nervös?«

»Mensch«, sagte sie, »Schani hat mir da hinten im Winkelfeld bei dem einen Bauern, weißt schon, der mit dem Kuhstall zum Weg hin, eine Ente angebracht, so eine komische, schlanke Ente, die fast senkrecht geht!«

»Eine Laufente?«

»Ja, glaube ich. Er ist plötzlich losgeschossen, um den Stall herum, und dann ist er auf der anderen Seite wieder zum Vorschein gekommen – mit der Ente quer im Maul.«

»Hat er sie ordentlich apportiert?« Das vor allem interessierte mich sehr.

»Ja, ganz brav, ohne sie zu knautschen. Er hat sich auch vor mich hingesetzt und sich die Ente abnehmen lassen!«

»Hast du sie mitgebracht?«

»Nein, sie war ja noch heil. Ich habe sie losgelassen, und sie ist wieder zu den beiden anderen gelaufen. Drei sind da ja. Ein bißchen merkwürdig gelaufen ist sie schon, so in Schräglage und etwas humpelnd!«

»Hat dich jemand gesehen?«

»Da war nur ein kleines Kind, ein Mädchen, die hat geguckt, aber wohl nichts mitgekriegt von dem Hund. Sonst war keiner da, glaub' ich!«

»Also, dann wird die Ente schon keinen größeren Schaden haben, sonst wäre sie nicht losgelaufen. Schräglage und Humpeln, das gibt sich wieder. Wahrscheinlich hat Schani doch ein wenig fester zugepackt. Er ist ja auch versichert«, sagte ich und war ziemlich sicher, die Ente würde keinen dauerhaften Hinkefuß behalten.

»Da traue ich mich jetzt aber nicht mehr vorbei«, sagte Claudia. »Wenn's doch einer mitbekommen hat, gibt das Ärger.«

Mir tat es richtig leid, daß ich nicht mit dabeigewesen war, denn zu gerne hätte ich meinen Hund eine Laufente apportieren sehen. Nur war ich mir nicht so sicher, ob ich sie auch wieder hätte laufen lassen oder unter die Joppe gesteckt und mitgenommen. Gebratene Laufenten schmecken bekanntlich nicht schlecht.

Wir mieden aber beide in den nächsten Tagen diesen Weg am Bauernhof vorbei, und als wir schließlich doch mutig genug geworden waren, dort aufzukreuzen, siehe, da waren's nur mehr zwei. Zwei Laufenten. Also war der dritten der Ausflug mit Schani offenbar doch nicht so gut bekommen, und sie hatte im nachhinein noch das Zeitliche gesegnet. Aber angegriffen von einem erbosten Bauern wurden wir nicht.

12
Bekanntschaften, Freundschaften

»Hallo, Charly!« Sentas Frauchen wieder. Ich versuchte es zum x-ten Mal. »Er heißt nicht Charly!«

»Ja, wie heißt er denn?«

»Sch-a-n-i! Ist wienerisch, aus dem Französischen, von Jean. In Wien heißen alle Franzosen Jean. Oder hießen so früher. Wurden aber Schanis genannt. Daher Schani! Weil er aus Wien stammt!«

»Na, Schani, dann mach's mal wieder gut!«

Jetzt hatte sie es verstanden, erstaunlicherweise. Ihre Hündin war schon ziemlich alt und mochte nicht mehr spielen. Dafür spielte Schani seit einigen Wochen mit einer anderen Hündin. Sie war uns samt dem Ehepaar, zu dem sie gehörte, eines Morgens begegnet. Ein kleines hellgraues Bündel mit spitzen Stehohren und blitzblauen Augen. Ich hatte so etwas noch nie gesehen. Ein Hund mit Augen so blau wie verblassende Kornblumen. Es war eine Huskyhündin, Kaschka, ein paar Wochen alt, nicht viel jünger als Schani. Und die beiden stürzten sich auf- und übereinander und tobten sich aus nach Art junger Hunde. Das blieb so durch die Wochen und Monate, ja durch die Jahre, wenn auch mit der Zeit die Spielfreudigkeit abnahm.

Als es Winter wurde und kalt, bekam ich das Herumstehen in der Hundegruppe satt, weil einem die Beine einfroren und auch mein Hund lieber laufen und die Gegend erkunden wollte, als sich nur im Kreis zu drehen. Wir scherten aus und marschierten zunächst allein durch den Park. Das war, wie sich später herausstellte, ein Fehler, denn Schani ließ sich dann nicht mehr in die Hundegruppe integrieren. Dort kannten sie sich alle untereinander und über lange Zeit hinweg, ein einmal abtrünnig Gewordener durfte nicht mehr dazu. Das gab Streit. Also unterließen wir es nach wenigen fehlgeschlagenen Versuchen.

Dafür fanden wir Gleichgesinnte, die sich auch lieber die Beine beim Gehen vertraten als beim Auf-der-Stelle-Treten. Dazu gehörte Familie Kaschka, und fortan traf man sich fast an jedem Morgen zum gemeinsamen Gang.

Kaschka allerdings hatte den Teufel in sich, wie sich besonders für ihre Besitzer bald herausstellte. Von der Leine gelassen, war sie nach wenigen Minuten auf und davon und jagte auf eigene Faust Kaninchen, irgendwo in der Gegend, unsichtbar und manchmal auf Stunden verschwunden. Da stand die liebe Hanna dann – wir duzten uns schließlich alle miteinander – und wartete auf ihren Hund, fror gottsjämmerlich, wenn der Wind kalt über den Nußberg pfiff, oder wurde nachhaltig zappelig, weil sie zur Arbeit mußte. Nichts half da, viel wurde versucht, im Guten wie im Bösen. Kaum war Kaschka von der Leine, ging sie auch schon stiften. Ungefährlich war die Sache schon deshalb nicht, weil nicht weit entfernt eine stark befahrene Bahnlinie vorbeiführte, an deren Böschungen sich besonders zahlreiche Kaninchenbaue befanden. Viele freilaufende Hunde, die nicht parierten, suchten dieses Gelände auf, und mancher von ihnen kam unter den Zug. Hanna blieb nichts anderes über, als ihre liebe Kaschka ständig an der langen Leine zu halten, und sie mußte deswegen manch blöden

Spruch von unverständigen Hundebesitzern über sich ergehen lassen.

Ich wußte auch keinen Rat mehr, weil wir so ziemlich alles ausprobiert hatten, was in solchem Falle überhaupt funktionieren könnte. So blieb sie eben an der Leine, und das paßte ihr in manchen Situationen überhaupt nicht. Schani lief ja frei. Er folgte, jedenfalls in der Regel, auf Pfiff oder Ruf und scheuchte natürlich bei jeder Gelegenheit die Kaninchen über die Wiese. Dabei zusehen zu müssen und nicht auch hinterher zu können war zuviel für die Huskydame. Aber bei allem guten Willen konnte ich Schani wegen ihr nicht auch ständig angeleint haben. Der Freundschaft zwischen den Hundebesitzern tat das keinen Abbruch, eher im Gegenteil.

Es ließ sich auch herrlich frotzeln über sich und andere, während man so die Runden machte. Kaschka sah in ihrem dünnen Sommerfell immer recht dürr aus, so daß man die Rippen sah. Sie fraß aber gut und bekam natürlich alles, was sie brauchte. Sie wurde halt nicht dicker. Und wenn ich Hanna dann mit ihrem »Rippchen« aufzog, konnte sie fuchsteufelswild werden.

Geheim blieb auf dem Nußberg gar nichts. Unglaublich, wie die Hundebesitzer sich gegenseitig im Auge hatten und jede Neuigkeit in wenigen Stunden ihre Verbreitung fand. Und erst, wer mit wem ging! Einfach einmal die Fronten beziehungsweise die Begleitung zu wechseln, das zog gleich ausschweifende Vermutungen nach sich – bis hin zu ewiger Feindschaft oder Ehekrach.

Das waren neue Erfahrungen für mich mit meinem Hund. Früher, auf dem Land, waren die Hunde im Garten gewesen, oder ich war mit ihnen allein durch die Landschaft gestreift. Jetzt aber machten wir fast täglich die alte Runde und trafen dieselben Leute. Es blieb gar nicht aus, daß man über sie redete und sie über einen.

Im großen und ganzen war man sich aber wohlgesonnen, und die Stimmung bei Hund und Herr oder Frau auf dem Nußberg blieb gut. Wer da nicht dazwischenpaßte, wurde sich dessen sehr bald bewußt und suchte sich einen anderen Ort.

Als Schani zum erstenmal sein Bein hob, um an einem Grashalm ein paar Tropfen loszuwerden, waren Claudia und ich so stolz, als hätte er eben das Einmaleins aufgesagt. Mit dem kleinen Männlein war es nun endgültig vorbei. Er war auch kein Welpe mehr, sondern zum Junghund aufgestiegen. Sein Fell hatte immer noch die semmelblonde Färbung, Schwanz und Ohren setzten sich etwas dunkler dagegen ab, und die Mickymaske blieb. Zwar trat sie mit dem Wechsel von Sommer- und Winterfell in der Zukunft manchmal stärker, manchmal schwächer hervor, aber zu übersehen war sie nie. Wenn gute Freunde diese Maske bewunderten, sagte ich: »Jetzt wißt ihr, warum ich diesen Hund haben wollte.« Und wenn sie dann etwas verständnislos dreinschauten, brauchte ich nur auf den Haaransatz meiner Frau zu deuten, damit sie kapierten, was ich meinte. Claudia nahm's gelassen. Sie fand es ja selber hinreißend, beim Hund.

Und als Schani im Alter von etwa einem Jahr geschlechtsreif wurde und damit auch aus dem Junghundalter herauskam, mußte ich ein paar wesentliche Dinge dazulernen. Früher, wie schon erzählt, waren alle meine Hunde weiblichen Geschlechts gewesen. Jetzt hatte ich einen Rüden. Und der macht manches anders.

Es dauerte eine Weile, bis ich das begriffen hatte. Zum

Beispiel fing mein so wohlerzogener Hund auf einmal an, sich einen Teufel darum zu kümmern, ob ich pfiff oder rief, um ihn zu mir zu beordern. Er rannte auf einen anderen Hund zu und einfach weiter, ohne sich im geringsten um mein Gepfeife zu kümmern. Das ging ja nun nicht. Wenn ich nicht wollte, daß Schani zu einem anderen Hund lief, hatte er das auch nicht zu tun. Er war doch früher sofort umgekehrt.

Jetzt war er aber ein Rüde. Und weil ich mir bei Verhaltensänderungen von Tieren meistens etwas denke und darüber nachdenke, kam ich auch bald auf den Grund seines »Ungehorsams«.

Wenn Schani zu einem anderen Hund hinlief, wollte er zunächst einmal feststellen, ob es auch ein Rüde war oder eine Hündin. War es eine Hündin, mußte er feststellen, ob sie vielleicht heiß sein könnte. Völlig verständlich für einen Rüden. War die Hündin nicht heiß, interessierte sie ihn nicht weiter. War der andere Hund ein Rüde, mußte Schani zunächst Bekanntschaft schließen und dann ein bißchen imponieren, wenigstens wenn der andere nicht viel größer war. Er hätte sonst das Gesicht verloren!

Sobald diese Untersuchungen und Imponierereien erledigt waren, und das dauerte nur eine oder zwei Minuten, kam Schani sofort zu mir zurück. Er markierte dann noch irgendwo, hatte damit dem Hundeknigge entsprochen und konnte entspannen.

Der Schluß für mich war, ihn erst einmal laufen zu lassen, damit er sein Gesicht wahren konnte, und ihm erst zu pfeifen, wenn er seine Dinge erledigt hatte. Das funktionierte bestens.

Hündinnen haben ein weit weniger ausgeprägtes Zeremoniell in dieser Hinsicht, und Markieren ist für sie nur wichtig, wenn sie heiß werden oder sind. Es machte mich am Anfang ganz nervös, daß Schani an jedem dritten Baum stehenblieb, ausgiebig schnüffelte und dann markierte, bis ich einsah, daß ein Rüde sich einfach so verhalten muß. Man lernt halt nie aus.

Wir waren inzwischen umgezogen und hatten unsere drei Zimmer in einem Neubau gegen fünf Zimmer, groß und hoch, in einem Altbau vertauscht. Die Wohnung lag im dritten Stock, und um dort hinaufzukommen, galt es, sechsundsechzig Treppenstufen zu überwinden. Anfangs ging uns leicht die Puste aus, aber dann gewöhnte man sich daran. Schani auch. Nur unsere Gäste, die diese Bergtour nicht mindestens viermal täglich machten, schnauften hörbar, wenn sie vor der Wohnungstür angelangten.

Dafür lag jetzt zwischen unserem Zuhause und dem Nußbergpark nur eine Straße. Über sie hinüber war man praktisch in der freien Landschaft und konnte ohne weiteren Verkehr Stunden wandern oder mit dem Rad fahren. Und so waren wir noch viel öfter als vorher mit Schani im Freien, unter Hundebesitzern und Hunden.

Rüden, die Schani nicht geheuer waren, große, schwarze besonders, mied er. Er wich ihnen einfach aus, umschlug sie in einem Bogen und tat so, als hätte er sie erst gar nicht bemerkt. Dabei ließ er manchmal eine gewisse pfiffige Gerissenheit erkennen, daß ich mich wirklich wunderte.

Oben am Nußberg gab es einen alten Schlehdornbusch, der undurchdringlich war. Aber Kaninchen oder vielleicht auch Generationen kleinerer Hunde hatten unten am Boden drei Durchlässe geschaffen, die wie Tunnel einen Schlupf durch das Gezweig frei machten.

Dicht daran vorbei führte ein Weg. Ich ging mit Schani diesen Weg entlang, als uns plötzlich zwei riesengroße Hunde entgegenkamen, Rüden noch dazu. Schani erstarrte. Seine Rute ging zwischen die Hinterbeine. Die Riesen hatten ihn bemerkt und kamen beschleunigt auf uns zu. Schani machte einen Rechtsschwenk und verschwand in der ersten Tunnelröhre.

Die beiden anderen steckten ihre Köpfe in die Tunnel, der eine dort, wo Schani verschwunden war, der zweite in die mittlere. So standen sie und konnten nicht sehen, was um sie herum passierte. Da tauchte mein Hund aus der dritten Röhre auf, schielte kurz auf die Hinterteile der halb im Busch steckenden Rivalen und machte, daß er fortkam, bevor sie ihn doch noch entdecken konnten.

Mit seiner Taktik, möglicherweise unguten Artgenossen aus dem Wege zu gehen, wurde er auch niemals in eine gefährliche Rauferei verwickelt. Aber ein einziges Mal spielte ein anderer Hund ihm doch übel mit.

Wir waren für ein verlängertes Wochenende auf die Hallig Hooge gefahren. Natur pur. Um Pfingsten herum. Die Vögel balzten und brüteten und machten einen Heidenlärm, wenn ein Hund des Weges kam, weil sie ihre Gelege oder Jungen in Gefahr sahen.

Wir mieteten uns Fahrräder und radelten über die Insel, Schani hatte seine Freude am Mitlaufen und den vielen Vögeln, die da um ihn herumschwirrten. Die Pferdekutschen, die mit den Inselbesuchern durch die Gegend fuhren, überholten uns ständig. Auf einmal stürzte sich von einem solchen Gefährt ein gewaltiger Hund auf unseren Schani, sprang ihm einfach von oben ins Genick, ohne irgendeine Vorwarnung, und beutelte ihn durch.

Schani, total überrascht und überwältigt, sprang in den neben der Straße verlaufenden Wassergraben, mehr aus Versehen denn freiwillig, und entkam so den bissigen Angriffen des Monsterhundes. Der wurde von seinem Herrn zurückgepfiffen, sprang wieder auf den Wagen und entschwand.

Schani aber entstieg dem Wassergraben, beutelte sich, kam in Kontakt mit einem stromführenden Weidezaun, und der elektrische Schlag gab ihm den Rest.

Ich habe ihn nie wieder so verstört erlebt.

Hooge, ja, da waren wir auf die Fähre gegangen, ohne zu wissen, ob unser Hund die Seefahrt mögen würde. Vielleicht wurde ihm schlecht beim Schaukeln auf den Wellen. Mir wurde nicht schlecht auf einem Schiff, ich hatte schon manche Stürme überstanden. Von Claudia wußte ich das nicht so genau, aber sie hielt sich tapfer bei der Überfahrt. Kein Problem. Schani auch keines. Er saß zu unseren Füßen auf dem Deck, hielt seine Nase in den Wind der rauhen See und tat so, als wäre er ein alter Meeresbewohner. Er machte wirklich alles mit, alles, ohne – Verzeihung – mit der Wimper zu zucken. Mag ja vermenschlicht klingen, aber Schani hatte Wimpern, und keine schlechten. Er hatte prachtvolle lange, dunkle Wimpern, ja doch, hatte er.

Wenn man mit seinem Rüdenhund Tag um Tag durch den Park zieht, prägen sich einem allmählich auch die Kleinigkeiten ein, man beobachtet sehr genau und bemerkt Feinheiten, die einem zunächst entgangen sind. Das stapelt sich im Hirn dann so zusammen.

In einem Urlaub – ich hatte wohl nichts Besseres zu tun – setzte ich mich spontan an die Schreibmaschine und verfaßte eine »wissenschaftliche Abhandlung« über das Verhalten eines Rüden beim Harnen und Markieren. In der Faschingszeit schickte ich sie an verschiedene Kollegen und Freunde, die sie schmunzelnd ihrer Sonderdrucksammlung einverleibten oder auch in den Papierkorb gaben.

Bei diesen Beobachtungen, ganz nebenher, aber eben im Laufe unzähliger Wanderungen mit Schani-Fuzzi in mich eingedrungen, spielen viele Körnchen Wahrheit eine Rolle. Natürlich ist die Geschichte trotzdem nichts weiter als ein Jux. Nur, als ich sie irgendwann in einer Faschingswoche im Kreise recht seriöser Herren vortrug, konnte ich auf den Gesichtern die unterschiedlichsten Reaktionen ablesen. Bei den jüngeren registrierte ich schon bald ein verständnisvolles Schmunzeln, während manch andere eher erstaunt schienen, mit welchen wissenschaftlichen Themen sich doch ein Hochschullehrer befassen kann. Da mußte man sich ja fast ein bißchen genieren. Und beim Hinausgehen vernahm ich noch den hinter vorgehaltener Hand gesprochenen Satz: »Da muß ich jetzt einmal bei meinem Hund genau hinsehen, ob das auch alles so stimmt!«

13
Unterwegs am Gardasee

Freunde von uns, Klaus und Christine, waren schon öfter am Gardasee gewesen und wollten über Pfingsten auch in diesem Jahr wieder hin. Der Botanik wegen. Klaus kannte sämtliches Grünzeug auf Erden und fotografierte Blumen und andere Gewächse. Von Beruf machte er ganz etwas anderes.

»Kommt doch mit«, schlug er eines Tages um Neujahr herum vor, »oder kommt nach, wenn ihr keine drei Wochen Zeit habt! Unsere alte Pension in Torbole hat sicher noch ein Doppelzimmer frei.«

Ich druckste erst herum wegen der doch ziemlich langen Fahrerei mit dem Auto bis zum Gardasee, lag ja halb nach Italien hinein, und mit Schani mußten wir das Auto nehmen, aber dann ließ ich mich überreden. Ich kannte die Ecke noch nicht.

Klaus war vernarrt in unseren Hund, und für Schani kam Klaus gleich hinter Claudia und mir. Klaus hatte Schani auch schon zweimal übernommen, wenn wir für ein verlängertes Wochenende irgendwohin fuhren, wo wir den Hund absolut nicht mitnehmen konnten. Schani war in Klaus' Wohnung jederzeit willkommen, auch wenn er mit seinen vom vorausgegangenen Spaziergang erdklumpigen Pfoten auf dem hellen pieksauberen Teppichboden dunkle Batzen stempelte. Klaus schmuste mit Schani in seiner dezenten Art, und der Hund nahm die Liebeleien ebenso dezent entgegen. Da hatten sich zwei gefunden.

Das mit dem Doppelzimmer klappte, und so machten wir drei uns vor Pfingsten auf den Weg nach Süden, nahmen den Kurs über das Allgäu, wo wir übernachteten, dann hinter Innsbruck auf die Autobahn und schnurrten zum Gardasee.

Schani lag nur auf längeren Fahrten in seinem Schaumstoffkorb auf der hinteren Sitzbank. Da mußte er nicht gar so sehr vor Aufregung hecheln und schnaufen und blieb etwas gelassener. Der Platz unten vor dem Beifahrersitz war für kürzere Strecken gut, aber er mochte ihn nicht besonders. Vielleicht gab es da Geräusche, die ihn nervös machten und die wir nicht wahrnahmen, ich bekam das nie heraus.

Wir fanden die Pension, die am Rande des Ortes lag und in der Nähe eines Flusses – womit der Morgengang mit Schani erleichtert wurde –, ohne Schwierigkeiten. Klaus und Christine hatten schon auf uns gewartet, und die Begrüßung des Hundes hatte Vorrang. Wir packten erst einmal die Koffer aus dem Wagen.

Alles war zum Besten, nur leider bestanden die Böden der Eingangsdiele und der Treppen hinauf in den ersten Stock aus blankpoliertem Marmor. Für Schani das Letzte. Er stoppte auch abrupt an der Eingangstür und war nicht zu bewegen, auch nur einen Schritt auf dieses Glatteis pur zu machen. Ich mußte ihn an die Leine nehmen und zog ihn wie einen Schlitten durch den Flur. Die Treppen hinauf ging das ja schlecht. Also war gutes Zureden angesagt, und mit verzweifeltem Gesicht und vor Aufregung hechelnd, wir voran, Klaus als Rückendekkung hinterher, kam Schani hinauf und in unser Zimmer.

Er gewöhnte sich in den vierzehn Tagen unseres Aufenthaltes nicht daran. Jedes Hinunter und Hinauf wurde für ihn zu einer Tortur, aber wir konnten es nicht ändern. Um so fröhlicher war er auf unseren ausgedehnten Spaziergängen in die Berge der Umgebung. Die waren nach seinem Geschmack, und obwohl noch zeitig im Frühjahr, ließen sich auch schon die ersten Eidechsen blicken, wenn die Sonne in den Mittagsstunden die Steinmauern erwärmte.

Nördlich von Torbole lag ein merkwürdiger Hügel, der, wenn man ihn von Osten oder Westen aus anging, ganz normal wirkte, mit Wäldern, Felsen und offenen Grasflächen. Nach Süden jedoch fiel er zum Ort hin mit einer aus der Entfernung glattpoliert wirkenden Felswand ab, auf der mit überdimensionaler Schrift W 60 geschrieben stand.

Wir waren an einem Morgen nach dem Frühstück dort hinaufgewandert, seitlich herum. Klaus fand an jeder Ecke ein Pflänzchen, dem er sich, davor kniend, inbrünstig widmete und für das er auch den Fotoapparat zückte, wenn das Licht gut genug war. Schani schaute ihm dabei immer sehr aufmerksam sozusagen über die Schulter und verstand nicht recht, warum Klaus mit etwas, das sich nicht rührte, so viele Faxen machte.

Wir kamen also nur zeitweise flott voran, weil manche Pflanzen natürlich auch noch bestimmt werden mußten, hatten unseren Proviant längst verschlungen und allmählich Sehnsucht, den Heimweg anzutreten, während Klaus über den Anblick botanischer Raritäten Zeit und Essen zu vergessen schien.

Endlich schob sich eine schwarze Wolkenwand vor die Sonne, und damit war's mit guten Bildern vorbei. Klaus packte sein Zeug in den Rucksack und meinte, wir könnten nun den Heimweg antreten. »Dort hinüber«, sagte er, »da kommen wir wieder auf den Weg, auf dem wir heraufgestiegen sind.«

Das konnte nur ein mordsmäßiger Umweg sein, meinem meist ziemlich sicheren Orientierungsvermögen nach. Der nächste Weg nach Torbole mußte genau in der anderen Richtung liegen.

»Jetzt verlaßt euch mal auf den alten Otto«, sagte ich, »mir nach, da gibt es etwas Kürzeres. Ich hab' Hunger!« und schlug einen mehr oder weniger gut erkennbaren Pfad ein. Man folgte mir. Schani war schon voraus. Er war stets darauf bedacht, seine Herde zusammenzuhalten, und mochte es überhaupt nicht, wenn sich eine Gruppe, mit der er unterwegs war, aufteilte. Dann rannte er zwischen den einzelnen Personen hin und her, kam total in Aufregung und war erst wieder beruhigt, wenn sich alle zusammentaten. Verlor er uns vier jetzt aus den Augen, weil der Pfad eine Kurve machte, kam er zurück, um zu sehen, ob noch alle beieinander waren. Erst dann lief er wieder voraus.

Ich folgte dem Pfad durch allerlei Gestrüpp, es ging allmählich etwas steiler bergab, und dann sah ich ein altes Holzschild mit der verwitterten Aufschrift »TORBOLE« und einem Pfeil, der geradeaus den Weg wies. »Ha, ich sagte es doch! Hier steht es, nach Torbole, bitte!«

»Also, wenn du mich fragst, kommen wir hier auf diese Felswand, die man von der Pension aus sieht«, bemerkte Klaus.

»Na und? Sie werden doch keinen Wegweiser nach Torbole hier aufstellen, der den müden Wanderer in den Abgrund führt«, sagte ich. »Los weiter, ich gehe voran!«

Die Damen machten etwas ängstliche Gesichter, und Klaus moserte vor sich hin. Ich durchbrach die letzten

Büsche und stand tatsächlich am oberen Rand des riesigen, auch aus der Nähe noch glatt wirkenden Felsplateaus. Es fiel nicht gerade steil, aber doch schon ziemlich abschüssig vor uns ab, war nur mit ein paar Grasbüscheln bewachsen und ansonsten der blanke Stein. Ein Drahtseil lief einen halben Meter über dem Fels schnurgerade hinunter und verlor sich dort im Nichts. Schani tänzelte auf den Felsplatten herum wie eine Gemse und schien keineswegs von Ängsten geplagt. Eher fand er die Sache interessant.

»Mein Gott, der Hund!« rief Claudia, die mit den anderen nun auch erschienen war und mißtrauisch das Gelände vor uns betrachtete. »Wenn er abrutscht. Bitte lein ihn an!«

»Da gehe ich nicht hinunter«, sagte Klaus, und Christine nickte eifrig Zustimmung.

»Da ist doch nichts dabei. Wo Schani gehen kann, könnt ihr auch gehen. Und anleinen werde ich ihn bestimmt nicht, weil er sich dann gehemmt fühlt. Und ein gehemmter Hund rutscht viel leichter aus, als wenn er sich frei bewegen kann. Und außerdem ist da das Drahtseil zum Festhalten, da kann nichts schiefgehen!«

»Schani kann sich nicht festhalten«, sagte Claudia.

»Schani hat auch vier Beine und braucht sich nicht festzuhalten«, sagte ich. »Ich gehe voraus!«

Es war überhaupt völlig harmlos. Man mußte sich auch nicht am Seil festhalten. Die Füße standen sicher auf der Felsplatte, glitten nicht aus. Schani lief kreuz und quer und wurde immer fröhlicher, während die Züge unserer beiden Frauen eine zunehmende Verkrampfung erkennen ließen.

Nach den ersten fünfzig Metern über das Plateau hinunter entspannten sie sich dann langsam. Es ging wirklich hervorragend und zügig voran. Das war die Direttissima nach Torbole, kein Zweifel.

Zwar nahm der Neigungswinkel des Felsens zu, je weiter wir hinunterkamen, aber mit dem Seil als Rettungsanker neben uns machte das bald keinem mehr etwas aus.

Und dann endete die Felsplatte jäh und fiel die letzten Meter bis zum ebenen Boden senkrecht ab.

Schani hatte das längst mitbekommen, stand oben und machte einen langen Hals, um über den Rand spähen zu können. So recht gefiel ihm nicht, was er da sah, und er ging ein paar Meter zurück. Hunde mögen es nicht, wenn sie nur Luft unter sich haben, was man verstehen kann. Sie gehen höchst ungern über eine Brücke, wenn deren Boden aus einem Gitterrost besteht oder aus Bohlen mit Spalten dazwischen. Da können sie durchschauen, und es wird ihnen ungemütlich.

Unser Rettungsseil schlug einen Haken und führte am oberen Rand des Absturzes nach links weiter. Wir folgten ihm und kamen damit zu der einzigen wirklich etwas kniffligen Stelle unseres Abstiegs. Die letzten zehn Meter Höhenunterschied mußten über ein schmales, schräg abwärts führendes Felsband bewältigt werden, das gerade für eine Fußbreite Platz gab. Das mochte Schani auch nicht. Während wir uns einer nach dem anderen mit dem Bauch zur Felswand und dem Rücken zum Tal hinunterhangelten, stand er oben am Einstieg und schaute nicht eben sehr fröhlich drein. Die Haut auf seiner Stirn war eine einzige große Sorgenfalte. Die Ohren standen auf Halbmast. Manch anderer Hund hätte sich mit stürmischer Unbedacht auf diesen schmalen Steg begeben und wäre vermutlich dabei ein paar Meter im Freiflug zu Boden gegangen. Nicht so unser Hund. Er überdachte den Fall, und das konnte man ihm ansehen.

Ich lockte von unten: »Na komm, schön langsam, komm, es geht schon«, so wie man halt auch einem ängstlichen Kind zureden würde. Claudia sagte: »Das schafft er nie«, Klaus meinte, er wisse nicht, ob es in Torbole einen Tierarzt gebe, und Christine hielt klugerweise den Mund.

»Jetzt komm schon«, sagte ich etwas drängender, »los jetzt, alter Schisser!«

Und Schani schob sich vorsichtig auf das Band ein, setzte bedächtig Pfote vor Pfote, schielte ab und zu rechts über den Abgrund in die Tiefe und tastete sich Meter für Meter voran. So gelangte er nach unten, wo er das letzte Stück mit einem großen Sprung auf den Boden überwand. Und dann raste er davon wie ein Irrer, um den angestauten Frust loszuwerden oder vielleicht auch um uns wissen zu lassen, daß das alles für ihn ja nun wirklich nur ein Kinderspiel gewesen war.

Sehr zufrieden und, zumindest was die Frauen betraf, auch erleichtert, machten wir uns auf den kurzen noch verbleibenden Weg zur Pension. »Das war doch mal was anderes, als auf so einem langweiligen Pfad dahinzuwandern«, sagte ich. »Wir haben W 60 bezwungen!« Und mit einem Blick zurück auf die Felsplatten waren wir alle vier mächtig stolz.

»Und Schani war der Größte«, sagte Klaus.

14
Schani wird Model

Der dritte Sommer in Brunnwinkl begann für meine Frau und den Hund früher als für mich. Sie hatten schon Urlaub, ich mußte noch arbeiten. Sie fuhren also voraus, nisteten sich schon ein und wärmten sozusagen das alte Haus an. Abends telefonierte ich mit Claudia, und sie berichtete über die Ereignisse des Tages.

»Hör mal«, sagte sie nach etwa einer Woche, »da waren heute ein paar Menschen da von einer Modelagentur oder so etwas ähnlichem, die wollen unbedingt hier vor dem Haus Modeaufnahmen machen für eine bekannte österreichische Strickwarenfirma. Sie sagen, das dauert vielleicht zwei Tage. Und zahlen wollen sie auch was. Was meinst du dazu?«

Ich meinte sehr schnell, Geld könnten wir immer brauchen, und wenn die Geschichte ablaufen würde, bevor die übrigen Familienmitglieder eintrudelten, hätte ich nichts dagegen.

»Also, der Termin wäre am 15. und 16. Juli, da bist du gerade vorher angekommen, aber sonst sind wir noch allein«, sagte Claudia.

»Dann sag zu! Und was macht Schani?«

»Dem geht's gut. Wir genießen beide die Ruhe!«

»Vor mir?«

»Jein, auch. Aber wir freuen uns natürlich, daß du bald kommst!«

»Na schön, danke für die Blumen. Sind ja auch nur mehr ein paar Tage. Also, tschüs für heute!«

»Servus, Bussi!«

Man akklimatisiert sich schnell mit der Sprache da unten. Wahrscheinlich würde der Hund auch auf österreichisch bellen, bis ich eintraf. Er liebte Brunnwinkl genauso wie wir und fing schon an, mit dem Schwanz zu wedeln, wenn ihm durch die Lüftungsschlitze im Auto oberhalb Brunnwinkls, wo die Straße kurz vor der Abfahrt zu den Häusern vorbeiführte, der vertraute Duft entgegenkam.

Schani hatte nämlich das Geheimnis für uns gelüftet, wieso manche Hunde – nicht alle sind so pfiffig – wissen, wo es hingeht, derweil sie im Auto sitzen, unten, und von dort gar nichts sehen können.

Jahre früher, in meiner Nachstudentenzeit in München, war meine Spanielhündin immer wach geworden und hatte sich aufgesetzt, wenn ich mit dem Wagen die Schlangenkurve am Tierpark unterhalb des elterlichen Hauses durchfuhr, bevor es den Berg hinaufging. Ich hatte damals gemeint, sie würde es eben an diesen Kurven bemerken, daß wir gleich zu Hause waren. Aber da lag ich falsch.

Schani brachte mich also darauf, wie das wirklich gewesen sein mußte. Wenn wir mit ihm im Auto zu irgendeinem ihm gut bekannten Ort fuhren, um einen Spaziergang zu machen oder Freunde zu besuchen, dann fing er nach einer Weile an, seine Nase an den Lüftungsschlitz zu halten und hörbar die Luft einzuziehen. Dann brachte er seine Ohren in die Position »Ich freu' mich«, und wir wußten, daß er wußte, wo wir hinkamen. Er machte das nie, wenn wir nur in der Stadt herumkurvten, um einzukaufen, oder wenn ich mit ihm ins Museum zur Arbeit fuhr. Das war für ihn nicht spannend, sondern stinklangweilig.

Ganz bestimmt riecht es für einen Hund mit seiner hervorragenden Nase an verschiedenen Orten unterschiedlich. Ich kann diese Behauptung nicht beweisen, bin mir aber aus meiner biologischen Erfahrung heraus sicher. Immerhin sind ja Lachse, diese Kaltblüter, auch fähig, ihre Geburtsstellen in den Bächen mit Hilfe des Geruchssinnes wiederzufinden, wenn sie selbst ablaichen wollen – nach Jahren, die sie im Meer verbracht haben. Und sie erkennen dabei die einzelnen Fluß- und Bachabschnitte an ihren jeweils anderen Düften. Das haben amerikanische Wissenschaftler einmal herausgefunden und bewiesen.

Da wird ja wohl mein Hund Schani das auch noch zusammenbringen. Und mein Spaniel war damals in München nicht durch die Kurverei aufmerksam geworden, sondern durch den für ihn vermutlich gewaltigen Gestank, der vom Tierpark ins Auto hereinströmte.

Und noch etwas untermauert meine These: Wenn wir durch eine Gegend fuhren, die Schani nicht kannte, schnüffelte er zwar auch erwartungsvoll, da ihn aber nichts Bekanntes anwehte, ließ er seine Ohren hängen und legte sich gelangweilt wieder hin. Kein Spaziergang, keine Freunde. Seufzer.

Der Wind zog durch Brunnwinkl den Hang hinauf über die Straße und signalisierte unserem Hund: Zweite Heimat in der Luft!

Als ich einige Tage später, nach langer Fahrt von Braunschweig kommend, eben diese Stelle passierte, roch ich zwar nichts, aber ich sah die Häuser unten liegen, den See und die Berge rundum. Ich freute mich auf meine Frau, Schani und ein paar Wochen Sommerferien.

Doch bevor es dazu kam, zum Genießen der Ferien, fiel wie verabredet das Aufnahmeteam bei uns ein. Eine Menge Leute entstiegen den Autos, männliche und weibliche Models, Fotografen, ein Hauptregisseur und einige untere Chargen, Schminkmadames, Näherinnen und was weiß ich alles. Und Strickkleider, -jacken, -röcke, mit allem Zubehör an langen Stangen aufgehängt, Accessoires dazu in Hülle und Fülle, Beleuchter mit ihren Scheinwerfern und Kilometern von elektrischen Kabeln. Vor dem Haus sah es bald aus wie auf einem Flohmarkt.

Schani verzog sich nach anfänglichem Staunen in unser Zimmer unter dem Dach. Das war ihm doch zu viel Getümmel und Getöse. Aber die Leute waren in Ordnung, brachten in den nächsten beiden Tagen ordentlich Leben in den noch stillen Winkel, und die Models postierten sich gekonnt, wenn auch etwas gelangweilt-routiniert vor dem Haus, um den alten Bauerntisch davor, in den Korbsesseln und lehnten sich lässig an die Stützpfosten des Balkons über dem Eingang. Es klickte fleißig, sobald die Sonne genug Licht gab, die sich immer wieder hinter Wolken verzog.

Und Schani tauchte aus seiner Schmollecke auf, freundlich, gelassen und den Streicheleinheiten der Damen und Herren nicht abgeneigt. Das war ja typisch für ihn. Erst abwarten und sehen, was das ganze Treiben soll, und dann, wenn er meinte, keine Gefahr zu wittern, aufzutauchen. Und alle liebten ihn. Ich mußte nur aufpassen, daß er nicht dauernd irgend etwas zum Fressen ins Maul gesteckt bekam.

Dann erschien eines der Models in der Haustür – unser Wohnzimmer war zum Umkleideraum umfunktioniert worden –, mit einem grünen Strickkleid angetan, und der Hund schweifwedelte darauf zu. Sein semmelblondes, glänzendes Fell kontrastierte perfekt mit dem Grün der jungen Dame. Das war doch der Clou der ganzen Schau überhaupt, und ich sagte zu dem Obermeister der Truppe: »Das müssen Sie fotografieren, der Hund muß ins Bild, solche Farben kriegen Sie nicht so schnell wieder zusammen!«

»Ja, ganz toll«, rief jemand. Der Fotograf schaute sich die Sache durch den Sucher an und nickte auch zustimmend.

»Mir fehlt da noch was Blaues«, meinte der Regisseur. »Wo gibt es ein schönes Blau?«

»Na, unten am See«, sagte ich, und alles strömte den Kiesweg hinunter zum See, die Beleuchter packten ihre Beleuchtung, die Fotografen ihre Apparate, die Schminkdamen ihre Köfferchen. Schani trabte vorweg und war wohl der Meinung, es ginge zu einem größeren Ausflug mit der ganzen Bande.

Zwar war der See dort, wo das Ufer mit dem Dach einer alten Schiffhütte eine schöne Kulisse bot, nicht sonderlich blau, eher grün. Aber dieses Grün hatte beinahe das Grün des Strickkleides, und das gefiel dem Regisseur dann fast noch besser.

Das Paar, das abgelichtet werden sollte, stellte sich in Positur, die Beleuchter leuchteten, die Schminke wurde noch schnell erneuert, die Fotografen suchten sich die günstigsten Winkel, und der Hund war nicht zu sehen.

»Schaani«, rief ich, und Claudia pfiff, und die ganzen Damen flöteten »Schaani« in höchsten Tönen.

»Gibt's doch gar nicht«, sagte ich, »der war doch gerade noch da«, und machte mich auf, ihn zu suchen.

Er lag vor dem Haus unter dem Tisch und blinzelte mich an, als ob er geschlafen hätte. Der Wirbel da unten am See war nicht nach seinem Geschmack gewesen, und er hatte sich heimlich wieder verzogen. Etwas mißgestimmt kam er aber mit mir, setzte sich total ausdruckslos und gelangweilt vor die grünbetuchten Models, ließ die Ohren hängen und machte Schlitzaugen wie ein Chinesenhund. So war das nichts. Wir versuchten es mit den alten Tricks, mit Schnalz- und Zischlauten, ich sagte: »Wo ist das Kätzchen?« und Claudia: »Paß gut auf!« Aber unser Hund war ja nicht blöd, und so ließ ihn das alles unangefochten. Bis einer der Beleuchter sein Wurstbrot aus der Tasche zog, mit dem Papier raschelte und einen Zipfel Knackwurst zum Vorschein brachte. Da machte Schani den Kopf hoch und die Ohren und seine Augen auf.

Im gleichen Moment erschien die Sonne, es klickte wie verrückt, und nach ein paar Sekunden war das Bild im Kasten.

Das Team war fertig. So schnell, wie es gekommen war und seine sämtlichen Utensilien im und vor dem Haus ausgebreitet hatte, so schnell waren diese in den Autos verstaut und die Leute bereit zur Abfahrt. Wir tauschten noch Adressen aus und holten uns das Versprechen, einen Katalog zu bekommen, sollte Schani in ihm abgelichtet sein.

Im Herbst erhielten wir ihn, den farbigen Katalog. Und auf seiner letzten Seite war unser semmelblonder Hund vor dem graziösen Bein des Mannequins und ihrem grünen Strickrock, im Großformat. Das schönste Bild von all den Seiten, versteht sich, und ich vermutete, daß die Kunden daraufhin weniger Strickröcke ordern als sich auf die Suche nach dieser edlen Hunderasse machen würden.

Schani ging gerne ins Wasser, wenn er auch kein

eigentlicher Wasserhund war wie manche, die sich in jede verfügbare Pfütze legen und sich nur so richtig wohl fühlen, wenn sie irgendwo baden gehen können.

In seinem ersten Jahr ließen wir ihn nicht schwimmen, weil sich ein junger Hund doch leicht dabei erkälten kann. Er ging in einen flachen Teich schon einmal bis zum Bauch hinein, fand es aber offenbar selbst nicht so sehr verlockend, daß er tiefere Stellen erkunden mußte. Im zweiten Sommer aber apportierte er ohne weiteres Hölzchen aus einem See oder Bach, zunächst wild mit den Vorderpfoten die Wasseroberfläche tretend wie alle Hunde, die zum erstenmal schwimmen. Schnell lernte er dann, die Pfoten unten zu lassen, und bekam sichtlich Vergnügen am Schwimmen, besonders natürlich, wenn es draußen sehr heiß wurde.

Und im dritten Sommer entdeckte Schani die Fische.

Wir waren in Brunnwinkl beim Baden, lagen auf einem Holzsteg, etwa 50 Zentimeter über der Wasserfläche des Sees, und Schani leistete uns Gesellschaft, sonnte sich auch oder verzog sich in den Schatten der Badehütte, sobald es ihm zu warm wurde. Der Wasserspiegel war völlig glatt, das Wasser selbst glasklar, und erst weiter draußen begann die Oberfläche sich im leichten Wind zu kräuseln. Fische schwammen vorbei, Döbel vor allem, aber hie und da tauchte weiter unten auch ein großer Brachsen auf, der den steinigen Boden des Sees nach Freßbarem durchstöberte.

Schani kam wieder einmal aus seinem Schatteneck und setzte sich neben uns. Da erschienen drei Döbel, zogen langsam vorüber, dicht an der Oberfläche, und unser Hund bekam Glühaugen und Sorgenfalten. Alles nämlich, was sich bewegte, machte ihn neugierig, nur hier schien es für ihn Probleme zu geben: Da schwamm etwas im Wasser, schwamm aber nicht obenauf wie ein Hölzchen, sondern unterwärts. Rudi Ratlos also.

Die Fische verschwanden, die Sorgenfalten entspannten sich. Aber schon tauchten die nächsten auf, und jetzt gingen auch die Ohren weit nach vorne beim Hund, der ganze Körper spannte sich, äußerste Aufmerksamkeit im Sitzen. Die Fische wurden optisch verfolgt, bis sie von der Spiegelung verschluckt wurden. Das verstand Schani nun schon gar nicht. Etwa zwei Meter konnte er diese Unterwassertorpedos verfolgen, und dann waren sie ganz plötzlich nicht mehr da. Rudi Ratlos, noch einmal.

Als dauernd weitere Fische vorbeizogen, stand Schani auf, ging zum Rand des Holzsteges und streckte Hals und Kopf vor, soweit das möglich war, ohne daß er Übergewicht bekam. Das brachte ihn nicht weiter. Bis der Groschen fiel.

Ich finde, man kann gerade bei Hunden unwahrscheinlich gut beobachten, wenn so ein Groschen fällt, wenn sie in einer zunächst für sie neuen und eben ratlosen Situation auf einmal eine »Idee« bekommen. Ganz oft ist das so bei der Meisterung eines Umwegproblems. Es ist zum Beispiel ganz leicht, zum erstenmal in einem Zaun ein Loch zu entdecken, durch das der Hund auf die andere Seite des sonst unüberwindlichen Hindernisses gelangen kann. Dann rennt er jenseits des Zaunes ein gutes Stück dahin, entweder weil es nach Kaninchen riecht oder weil Herrchen gemeinerweise ein Stöckchen über den Zaun geworfen hat. Und nun steht er da und kommt nicht zurück, weil das Loch hundert Meter entfernt ist. Hund schaut Herrchen an und fragt mit Blicken. Herrchen sagt, nun denk mal nach. Hund denkt auch nach, kommt aber nicht auf die Lösung, bis es ihn herumreißt in einem nicht zu übersehenden Freudenhüpfer und er wie verrückt zurückrennt zum Loch, durchschlüpft und lobfordernd heranstürmt. Von da an kennt er natürlich sowohl das Loch als auch den Weg zu diesem zurück, und auch andere Löcher werden in Zukunft sofort wiedergefunden.

Auch Schani riß es buchstäblich hoch aus seiner angespannten Haltung und herum zur Badetreppe, die ins Wasser führte. Er stieg hinunter, konnte auch von der untersten Sprosse aus die Fische wohl noch sehen und sprang in den See. Damit waren die Fische für ihn nicht mehr sichtbar, weil seine Augen viel zu dicht über der Oberfläche lagen. Außerdem machten die Döbel, daß sie weiterkamen, sobald es platschte.

Schani schwamm drauflos, hielt den Kopf möglichst hoch, fand aber nichts. Er drehte eine Runde, kam zurück und stieg aus. Kaum war er wieder oben auf dem Brett, erschienen erneut Fische, und unser Hund sauste ins Wasser. Das ging ewig so weiter. Von oben sah er alles, kaum im Wasser, nichts mehr. Da er wohl meinte, die vermeintliche Beute müsse doch irgendwo sein, schwamm er schließlich weit hinaus auf den See, was er ohne besondere Aufforderung oder einen weiten Hölzchenwurf noch nie getan hatte.

Wir ließen ihn sein aussichtsloses Unterfangen ruhig ausführen, denn das Wasser war warm, und die Luft war heiß, die ausgedehnte Schwimmerei konnte dem Hund nicht schaden. Er gab auch nicht so schnell auf, und erst als ich Lust auf einen Kaffee bekam und sagte: »Laß uns zum Haus hinaufgehen und Jause machen«, vergaß Schani die Fische und kam mit uns. So meinte ich wenigstens.

Nur hatte er sie keineswegs vergessen. Während wir

nämlich mit Kaffee und Kuchen beschäftigt waren, verschwand er Richtung See.

Wir ließen ihn schon längst selbständig in Brunnwinkl umherstreifen, weil er sich überall auskannte und ohne uns auch nicht aus dem Besitz hinauslief. Wir wunderten uns nur, wohin er denn marschierte, und hatten die Fische schon vergessen. Wir eben, Schani nicht. Sie mußten ihn gewaltig beschäftigen.

Als wir gestärkt zum See zurückkehrten, zog er da schon wieder seine Kreise im Wasser, allein mit sich, ohne Zuschauer, die einen Hund ja durchaus zu irgendeinem Tun anregen können, und völlig damit beschäftigt, das Rätsel der schwimmenden Unterwasserhölzchen zu lösen. Natürlich gelang ihm das nicht, nicht an diesem Tag und nicht an den nächsten Tagen, obwohl er nicht aufgab und für ihn die Sommersonnentage weitgehend mit dieser Beschäftigung erfüllt waren.

Er ließ sich auch nicht täuschen. Ich wollte ihn schließlich von seinem Zwang befreien und warf ein Hölzchen weit hinaus in der Hoffnung, er würde es holen und damit zufrieden sein. Er schwamm zwar hinterher, nahm es aber dann nicht auf wie sonst stets, sondern suchte sofort wieder weiter nach den unbekannten Dingern, die er doch vom Steg aus so deutlich gesehen hatte und die sich in Nichts auflösten, sobald er ihnen nachschwamm. Und dabei lag ein solch umwerfender Ausdruck von Erstaunen und Ratlosigkeit in seinem Gesicht, daß er mir richtig leid tat.

15
Wir werden ausgetrickst

Dann verging auch dieser Sommer, wir kehrten in die Stadt zurück, und von da an geriet ich in strudelartige Ereignisse.

Ich hatte lange Zeit keine Feldornithologie mehr betrieben. Das klingt recht trocken, dieser Satz, und riecht nach Wissenschaft. Ist es auch, aber im Klartext bedeutet es, daß ich in einer möglichst unbekannten Landschaft nach mir noch möglichst unbekannten Vögeln suche, sie in Wind und Wetter beobachten kann und Neues über sie herauszubringen versuche. Es juckte mich, das wieder einmal zu tun. Raus aus Museum und Bürokram, mit Fernglas, Fotoapparat und einem Notizbüchlein in der Tasche den ganzen Tag in der Natur herumstreunen, sitzen und schauen, horchen auch, etwas erleben.

Nur, ich wußte nicht wohin. Meine Lieblingsvögel waren die Limikolen, die Watvögel, zu denen der Kiebitz, der Brachvogel, die Schnepfen, der Triel, die Ufer- und Wasserläufer und viele andere gehören. Ich hatte sie in unseren Mooren, am Neusiedlersee, in der Camargue in Frankreich und in der ihr benachbarten Crau, einer Steinsteppe, beobachtet und kannte fast alle. Da gab es also nicht mehr viel zu holen. In Portugal war ich auch schon gewesen, der Trappen wegen, der zweiten Lieblingsvogelfamilie. Mit dem Auto waren meine Frau und ich dorthin gefahren, drei Tage hin, drei Wochen dort, drei Tage zurück.

Ich mochte nämlich nicht mit dem Flugzeug fliegen. Die Dinger sah ich am liebsten von unten.

Zwar hatte ich durch die Luft schon einmal Amerika erreicht, mit meinem Vater zusammen, und auch einige Inlandflüge überstanden, aber dann, bei einem Charterflug von Jugoslawien nach Hannover, packte mich die Platzangst derart, daß ich mir schwor, nie wieder in ein Flugzeug zu steigen. Da war man gefangen und konnte nicht raus, wenn es pressierte. Auf einem Schiff, das untergeht, hat man wenigstens noch die Chance zu schwimmen und einen Balken zu erwischen, an dem man sich festhalten kann. Aber in zehntausend Meter Höhe ist nichts zum Anklammern. Da half auch die Statistik nicht, nach der weit mehr Autofahrer oder Fußgänger ums Leben kommen als Insassen eines Fliegers.

Fliegen – nein!

Aber ohne zu fliegen, kommt man schwer aus einer Dreitausendkilometerzone heraus, auch wenn es dort »draußen« noch so interessant wäre.

Im Gegensatz zu mir machte meiner Frau das Fliegen überhaupt nichts aus. Sie stieg in so eine Monsterzigarre wie in ein Taxi und düste um die halbe Welt. Ohne mich. Überredungsversuche waren da bislang erfolglos gewesen.

Ging ja sowieso nicht. Wir konnten jetzt, wo wir wieder einen Hund hatten, nicht beide gleichzeitig weg. Nie hätten wir Schani für ein paar Wochen einem Dritten überlassen.

Wir besuchten dann im Herbst einen Freund, der viel herumgekommen war, besonders der Trappen wegen, über die er promoviert hatte. Ihn fragte Claudia, ob er nicht eine Idee hätte, wo ich noch unbekannte Vögel finden könnte.

»Aber nur mit dem Auto«, sagte ich gleich, um keine falschen Vorstellungen aufkommen zu lassen und irgendwelche Hoffnungen bei Claudia zu wecken.

Holger meinte, daß ich auf dem europäischen Festland kaum etwas Aufregendes finden würde und schenkte mir das vierte Glas Rotwein ein. »Du müßtest schon etwas weiter, nach Fuerteventura. Ja, das ist es überhaupt, auf Fuerteventura gibt es Kragentrappen und Rennvögel!«

Fuerteventura? Ach so, ja, das lag da im Mittelmeer. Korsika, Elba, Mallorca, Fuerteventura, dieser Inselhaufen, klar. War gar nicht so weit weg. Kurzer Flug, dachte ich, eineinhalb Stunden, dachte ich. Der Rotwein war gut und stark. Ich würde meiner Frau eine Riesenfreude machen, wenn ich mich doch zu einem – kurzen – Flug durchringen könnte. Mit ein paar Gläsern Sekt und einer Beruhigungspille müßte ich das eigentlich überstehen.

»Also«, sagte ich, »Fuerteventura. Auf zu den Rennvögeln, meinetwegen!«

Die Meine fiel mir um den Hals und sagte zu Holger: »Du bist Zeuge, wir fliegen nach Fuerte. Ich geh' gleich morgen ins Reisebüro und buche fest für die Osterferien im nächsten Jahr!« So ist sie, meine Frau, immer schnell und patent und kümmert sich um alles.

Sie ließen mir auch beide keine Zeit, weiter nachzudenken, weil Claudia schon aufzählte, was wir mitnehmen würden, und Holger versprach, mir genau die Orte aufzuzeichnen, wo ich Kragentrappen und Rennvögel finden würde. Wüsten gäbe es da und Dünen. Ich liebe Wüsten und Dünen. Und die Rennvögel, die auch zu den Limikolen gehören, sehen besonders hübsch und elegant aus. »Und über ihre Brutbiologie ist so gut wie nichts bekannt«, sagte Holger. Wir fuhren dann nach Hause. Claudia fuhr, ich schlief schon ein bißchen auf Vorrat und Schani zu meinen Füßen auch.

Am nächsten Tag waren meine Überlegungen zu diesem Reiseplan wieder nüchterner. Und beim Gedanken an den Flieger rebellierte mein Magen. Und außerdem konnten wir gar nicht weg. Einer mußte beim Hund bleiben. Klar doch, die ganze Sache hatte weder Hand noch Fuß. Unser Entschluß war voreilig gewesen. An Schani hatte Claudia in ihrer Freude natürlich auch nicht gedacht. Natürlich nicht.

Als ich am Abend nach Hause kam, strahlte sie wie ein Weihnachtsengel. »Alles gebucht! Wir fliegen am 18. März für drei Wochen nach Fuerte!«

»Hör mal«, meinte ich, »das geht aber doch gar nicht. Was sollen wir denn mit Schani machen?«

»Der kommt mit!«

»Wieso, wie denn?«

»Im Flieger, in einer Hundebox. Das kostet einen Aufschlag, aber nicht viel, geht nach Gewicht, und Schani wiegt ja nur zwanzig Kilo. So etwa, glaube ich.«

Also, das war unmöglich. Unser sensibler, bei geringsten unbekannten Geräuschen ängstlicher Hund, dem alles Unbekannte und Fremde ein Graus war, in einer engen Box im Bauch eines Fliegers. Nie! Da hatte es zig Grad unter Null, da oben in zehntausend Metern Höhe. Und der Lärm der Düsen. Nein, nie!

»Das können wir Schani nicht antun«, sagte ich, »das überlebt er nicht.« Ich konnte mir richtig vorstellen, wie Schani zitternd und schlotternd im Stockfinsteren in dieser Kiste lag, sich vor Aufregung vollpieselte und womöglich noch Schlimmeres. »Vielleicht nehmen ihn deine Eltern?«

»Die sind dann auch in Urlaub«, sagte Claudia. »Aber beruhige dich, ich habe schon mit dem Tierarzt gesprochen. Der Hund bekommt eine Beruhigungspille, dann schläft er. Und im Reisebüro haben sie gesagt, daß es im Transportraum für Hunde klimatisiert ist. Ins Flugzeug darf man nur ganz kleine Hunde mitnehmen, so Handtaschenformate.«

An was dachte sie eigentlich nicht!

»Und der Tierarzt will uns auch eine Adresse geben, wo wir wahrscheinlich von privat eine Reisebox leihen können, dann brauchen wir keine zu kaufen. Die sind nämlich nicht ganz billig!«

Sag' ich's doch. Wahrscheinlich hatte sie im Reisebüro auch schon einen Hundekorb für die Ferienwohnung auf Fuerte gebucht.

Aber überzeugt war ich nicht. Das einzige, was mich tatsächlich etwas beruhigte, war der ferne Termin der Reise. In einem halben Jahr konnte noch viel passieren, was diesen Flug vereiteln mochte. Ich konnte mir den Arm brechen, oder Claudias Weisheitszähne mußten heraus. Vielleicht bekam Schani eine Blasenentzündung. Bestimmt würde etwas dazwischenkommen, und dann brauchten mein Hund und ich nicht in den Flieger zu steigen. Rennvögel schön und gut, aber für diesen Preis ließ sich auf sie verzichten.

Später am Abend fragte ich dann: »Von wo geht denn der Flieger eigentlich ab, und wo landen wir?« Ich meinte, würden wir landen!

»Ich habe nur noch einen Flug von Hamburg aus bekommen, aber Vater bringt uns hin. Wir landen in Rosario, direkt am Atlantik.«

Ich hasse diese Flughäfen direkt am Meer, mit den Pisten, auf denen die Flugzeuge im Wasser landen, wenn sie nicht gut genug bremsen können. Schon in meiner Vorstellung sind sie mir auf das höchste zuwider. Moment mal! Was heißt Atlantik?

»Du sagtest eben Atlantik, du meinst das Mittelmeer«, berichtigte ich.

»Nein, Atlantik stimmt schon, die Kanarischen Inseln liegen im Atlantik.«

»Gehört den Fuerte nicht zu den Bale- Baledingsda Inseln?«

»Balearen!« Ja doch, sie gab ja in der Schule Erdkundeunterricht. »Die Kanaren sind ein bißchen weiter im Süden!«

Na prima, wahrscheinlich lagen sie kurz vor der Südspitze Afrikas. Ich griff nach einem Atlas und fand die Kanaren. Nordspitze Afrikas, auch weit genug weg. »Wie lange fliegen wir denn da runter?« wollte ich wissen.

»So drei Stunden etwa«, sagte meine Frau und schaute mich so richtig lieb an.

Drei Stunden. Ich brach zusammen.

»Du kriegst auch eine Pille!«

Da war ich schön auf den Leim gegangen gestern und konnte deswegen nicht einmal jemandem ernstlich einen Vorwurf machen. Meine Schuld, was mußte ich vier Gläser Rotwein trinken. Da war klares Denken nicht mehr möglich, und man verlegte dann eben die Kanaren ins Mittelmeer und die Balearen in den Bodensee. Aber versprochen war versprochen, und ich konnte nicht mehr zurück, wenn nicht eben etwas dazwischenkam. Und wenn keine Krankheit, dann sicherlich ein Streik. Die streikten ja ständig, die Fluglotsen. Das war's überhaupt. Bestimmt streikten die zu Ostern.

Und je näher dieser März rückte, um so schlechter

ging es mir. Drei Stunden fliegen, und Schani in einer Box! Keinem wurde vom Arzt eine schlimme Krankheit bescheinigt, und die Flugzeuge flogen ungehindert rund um die Welt. Kein Streik.

Immer noch versuchte ich von Zeit zu Zeit mit irgendwelchen Bedenken und Einwänden, die Sache doch noch rückgängig zu machen.

»Wir bringen doch Schani nie in so eine Hundebox hinein«, fiel mir zum Beispiel ein. »Der kennt das ja nicht, der kennt doch nur seine Decken!«

»Das mach' ich schon«, sagte meine Frau, »ich habe schon eine Idee. Übrigens bekommen wir die Box von dieser Dame, die mir der Tierarzt genannt hat. Hab' sie schon angerufen. Übermorgen können wir sie uns abholen. Sie klang sehr nett am Telefon.«

»Die geht doch gar nicht in meinen Wagen!«

»O doch, sie ist zerlegbar!«

Wir holten dieses Plastikungetüm dann ab. Die Dame war nett, aber die Box kalt, hart und mit einem unangenehmen Geruch behaftet. Armer Hund, speiübel würde ihm werden. Und hineingehen würde er nicht, hoffentlich.

Zu Hause nahm Claudia die untere Hälfte der Box mit nach oben in die Wohnung und stellte sie an Schanis Lieblingsplatz. Ohne Deckel war die Box keine Box, sondern eigentlich nur ein Korb aus Plastik. Claudia legte Schanis Lieblingsdecke da hinein, Schani schaute zu, wedelte heftig, stieg hinein und rollte sich, aufseufzend vor Wohlbehagen, zusammen. Mir blieb der Mund offen.

Er lag die nächste Zeit über nur mehr in dieser blöden Box. Er liebte sie. Und dann brachte meine Frau auch die obere Hälfte aus dem Keller und setzte sie oben drauf. Und jetzt brachten wir den Hund kaum mehr heraus, so umwerfend fand er seine neue Höhle. Lag drin und schaute blinzelnd heraus durch das Eingangsloch und klopfte mit dem Schwanz an das Gehäuse.

Schön im Stich gelassen hatte er mich da, der Windhund, der windige! Mochte es ihm so richtig schlecht werden im Fliegerbauch. Aber wohl war mir bei dem Gedanken noch längst nicht. Es machte schon einen Unterschied, ob das Transportmöbel hier in der Wohnung stand oder ob Schani damit ins dunkle Loch mußte. So ängstlich, wie er war. Und wenn ich an mich selber dachte, bekam ich Magenkrämpfe. Nur Claudia wurde immer fröhlicher, je näher der Abflugtermin kam.

Und er kam. Sie packte unsere Koffer – du brauchst dich um nichts zu kümmern, überlasse alles mir, Hauptsache, daß du mitfliegst –, organisierte die letzten Dinge, und dann stand ihr Vater am Morgen um sechs Uhr vor der Tür. Schani wedelte lustig, als er ihn hörte. Ich war noch im Bad und bückte mich nach dem heruntergefallenen Handtuch – und da schoß mich die Hexe.

Logisch, die Psyche war das. Hexenschuß. Peng.

»Claudia, ich hab' einen Hexenschuß«, rief ich in den Flur und versuchte zu gehen. Sie kam, sah mich an, packte meinen schweren Koffer und meinte, wenn ich die Treppen hinunterkommen würde, wäre alles weitere geritzt.

Also, wir schafften das irgendwie, und in Hamburg konnte ich so einigermaßen wieder laufen. Die Hexe war gnädig gewesen.

Ich ließ Schani an der Leine noch einmal ein paar Büsche und traurige Grashalme abrevieren, damit er sich erleichtern konnte, bevor es in den Flieger ging. Er mußte aber nicht.

Dann bekam er seine Pille verabreicht und lag neben uns und der Kiste in der Wartehalle. Völlig glücklich und gelöst. Andere Passagiere, besonders Kinder, fanden ihn hübsch und brav, niedlich und lieb und fragten, ob er mitfliegen dürfe. Warum wohl sonst lag er da neben der Box, dumme Frage.

Unsere Koffer waren schon in dem Loch neben der Stewardeß, die das Gewicht kontrollierte, verschwunden. Zuletzt kam die Hundebox an die Reihe. Schani stieg ein, Klappe zu. Nun gab's kein Zurück mehr. Wir hievten ihn auf die Waage. 32 Kilo alles zusammen. Die Box wog vielleicht zwei. Das war ein wenig mehr als zwanzig, wie Claudia gemeint hatte. Kummerspeck vermutlich, angefressen vor lauter Angst. Hunde haben ja so ihre Ahnungen, sagt man immer.

Die Stewardeß sagte, so ein kleiner Hund könne gar nicht so viel wiegen und erließ uns drei Kilo. Und dann verschwand auch die Kiste mit unserem Hund in der Versenkung.

Ich schluckte ein paarmal und nahm drei Pillen und schluckte auch die. Mit Wasser. Und kippte heimlich einen Flachmann mit irgendwelchem scharfen Zeugs hinterher.

Es war soweit. Einchecken, hin zum Flieger und hinein in die Hölle. Um halb zehn hoben wir ab. Dann weiß ich nicht mehr viel, die Pillen wirkten, der Schnaps und der Sekt, und ich duselte vor mich hin. Einmal sagte Claudia: »Da unten liegt Gibraltar.« Und ich: »Laß es liegen, da liegt es gut!«

Landeanflug, nichts wie Atlantik rundherum, grauenhaft, ich machte schnell die Augen wieder zu, aber schon waren wir unten und standen und lagen nicht im Meer. Die Sonne schien vom blauen Himmel. Ich hatte es überstanden. Aber der Hund? Wahrscheinlich war er tot. Vier Stunden waren wir in der Luft gewesen.

In der kleinen Abfertigungshalle standen die Passagiere um das Band, das ihre Koffer aus einer Luke herauskommen ließ und in einer anderen wieder verschwand. Wir kamen als eine der letzten in die Wartereihe und sahen Schanis Box auf dem Förderband Karussell fahren.

Claudia hechtete vor, sagte nur: »Verzeihung, da ist unser Hund drin« und hatte die Box im Griff, bevor sie abermals verschwinden konnte. Ein freundlicher Herr half ihr beim Herunterheben. Ich war noch nicht ganz frisch. Sie machte die Tür auf und – heraus stolzierte Schani, blickte gelangweilt um sich, sah uns dann, wedelte heftig, aber gelassen und setzte sich hin, um die Gegend zu betrachten. Als wäre er gerade zu Hause aus seinem Mittagsschlaf erwacht.

»Siehst du«, sagte Claudia, »er ist total fröhlich, und der Flug hat ihm überhaupt nichts ausgemacht!« Und ich mußte das leider zugeben.

16
Von Ziegen, Pollos und Eidechsen

Mich fragte keiner, wie mir der Flug bekommen war, ich hätte es auch nicht beantworten können, weil ich von den Pillen und dem Alkohol noch immer ziemlich benebelt war. Auf dem Parkplatz vor dem Flughafen stand unser ebenfalls schon von Braunschweig aus georderter Mietwagen, ein Suzuki-Geländefahrzeug. Unsere Sachen darin zu verstauen war gar nicht so einfach. Schon die sperrige Box nahm den halben Platz ein. Aber schließlich hatten wir alles untergebracht, Schani saß auf der Rückbank, und ich hinter dem Steuer. Genau weiß ich nicht mehr, wie ich die zwanzig Kilometer auf kurvenreichen Landstraßen bis zu unserer Appartementsiedlung schaffte, aber wir kamen heil an.

Dieser Wagen wurde für die nächste Zeit unser zweites Zuhause. Mit ihm waren wir unterwegs über Stock und Stein, quer durch die Wüstenlandschaft, konnten von ihm aus beobachten und kamen näher an die Vögel heran. Außerdem fanden wir im Auto Schutz vor dem fast ständig wehenden kalten Wind. Schani saß immer hinten, stolz wie ein König, und sobald wir uns aufmachten, die Gegend zu Fuß zu erkunden, war er mit dabei. Ihn interessierten weniger die Vögel als die zahllosen kleinen Eidechsen, die sich überall am Rande der flachen, dornigen Büsche sonnten und bei Gefahr in den Schutz der Stacheln flüchteten.

Diese weghuschenden »Mäuse« faszinierten den

Andreas R. Karlstadt, zuerst Freund, dann Gegner Luthers † 1541.
Mathilda Wrede, „Engel der Gefangenen" † 1928.

SA 8.26 SU 16.18 MA 0.34 MU 12.26

24

Samstag/Dezember Heiliger Abend

Euch aber, die ihr meinen Namen fürchtet, soll aufgehen die Sonne der Gerechtigkeit und Heil unter ihren Flügeln. Mal 3, 20

Hier endet das Alte Testament – und das Neue beginnt. Wie ein großer Lichtbogen leuchtet das Wort von der aufgehenden Sonne der Gerechtigkeit zum Kind in der Krippe und in den Heiligen Abend heute. Es wird nicht dunkel bleiben. Obwohl es viel Dunkelheit auf der Erde gibt, auch an diesem Abend: Leid und Schuld, Tränen und Fragen, Zweifel und Enttäuschung. „Es ist umsonst, dass man Gott dient", sagten die Leute zur Zeit des Maleachi (Mal 3, 14). Doch menschlicher Resignation setzt Gott sein Wort entgegen. Er wird Gericht halten. Er wird am Ende die Fäden in der Hand halten. Er wird Wort halten. In Jesus ist Gottes Wort lebendig. In ihm ist erfüllt, was Gott ankündigte. Das Kind in der Krippe ist die Sonne der Gerechtigkeit. Im Stall beginnt der Weg zum Kreuz. In seinem Tod hat Jesus das göttliche Gericht an der von ihm abgefallenen Welt auf sich genommen. Bei ihm ist das Heil zu finden: Der Heiland ist geboren. Darum muss es nicht dunkel bleiben, nirgends. Die Sonne der Gerechtigkeit will unser Leben hell machen. „Das ewig Licht geht da herein, gibt der Welt ein' neuen Schein."

M-F

Maleachi 3, 19 – 24 Ev.: Mt 1, 1 – 25 Ep.: Röm 1, 1 – 7

Das hat er alles uns getan, sein groß Lieb zu zeigen an. Des freu sich alle Christenheit und dank ihm des in Ewigkeit. Kyrieleis.

Martin Luther 1524

---

24. 12. 2005 Neuk. Kal.

Weihnachtswünsche

Wir bitten Gott, den Allmächtigen,
er möge uns behilflich sein:
dass wir Weihnachten nicht
wie Karneval feiern,
dass wir das Wunder von Bethlehem nicht
mit einem Musical plus Domführung
plus Reeperbahn plus Hafenrundfahrt
und Rhein in Flammen verwechseln,
sondern dass wir die Stille und das Heilige
nicht nur in der Nacht neu entdecken –
unser kleines und endliches Sein spüren,
aber mit Jesus Christus
gleichsam neu auf die Welt kommen,
auch wenn wir schon betagt sind.
Große Freude ist uns verkündigt worden,
soll in uns leben.
Erbarmen und Zuversicht werden uns begleiten,
Christus ist unter uns, urjung und uralt,
Freiheit und Erlösung als Geschenk.

Hanns Dieter Hüsch

Lied: Brich an, du schönes Morgenlicht … EG 33 GL (76) RG 410

Hund, aber, das sah man ihm an, er war stocksauer, weil er sie nicht erwischte. Die Dornen, spitz wie Igelstacheln, machten ihm ein Eindringen in die Büsche unmöglich. Nachdem er sich ein paarmal die Nase angestochen hatte, gab er die Verfolgung auf und blieb mit hängenden Ohren und dummem Gesicht davor stehen.

Und dann, am dritten oder vierten Tag, während Claudia und ich gerade mit unseren Ferngläsern die Landschaft nach Kragentrappen absuchten, war er verschwunden. Ich pfiff und rief, aber weit und breit war kein gelber Hund zu sehen.

Auf einmal hörten wir es bellen, hinter einem flachen Hügel mußte das herkommen, und zugleich ertönte von dort menschliches Gebrüll, von dem wir nur ein Wort verstanden: Pollo. Und das wiederholt. Für uns war das Geschimpfe – und daß von da drüben keine freundlichen Worte kamen, war nicht zu überhören –, absolut fuerteventurisches Kauderwelsch.

Ich lief in die Richtung, aus der das ganze Getöse kam, sah Schani endlich auf mich zulaufen und weit hinten, von der Wüstenvegetation halb verdeckt, eine männliche Gestalt knien. Als sie mich wahrnahm, verstärkte sich das Gebrüll um ein Mehrfaches, und wild gestikulierende Arme fuhren durch die Luft. Heiliger Strohsack, sollte sich Schani an einer der überall herumstromernden Ziegen vergriffen haben?

Er kam zu mir, wir rannten zurück zu Claudia und dem Auto, und ich fürchtete schon, daß es knallen und uns die Schrotkugeln um die Köpfe pfeifen würden. Nichts wie hinein in den Wagen und davon mit Vollgas. Mit aufgebrachten Einheimischen hier draußen in der Wildnis war sicher nicht gut Kirschen essen, wenn der Hund sich an den Haustieren verging.

Als wir genügend Abstand hinter uns gebracht hatten und auch kein Auto nachkam, hielten wir an, um zu verschnaufen.

»Was hat er denn da bloß gehabt?«

»Keine Ahnung«, sagte meine Frau, »aber ich glaube ein Pollo!« Was war ein Pollo?

Abends, im Restaurant, fanden wir die Lösung auf der Speisekarte. Pollo war ein Hühnchen!

Er riß uns noch ein zweites Mal aus, von einer Hügelkuppe hinunter zu einer kleinen Ansiedlung, von wo ihm der Wind irgendeinen verführerischen Duft zugetragen haben mußte. Und wir schwitzten wieder vor Angst, er würde vielleicht von einem aufgebrachten Bewohner erschossen oder von einem der allgegenwärtigen Riesenhunde zerfleischt. Er kam aber heil wieder, und diesmal zog ich ihm die Ohren gehörig lang. Da ließ er in Zukunft derlei Extraausflüge bleiben.

Streunende und sich selbst überlassene Hunde gab es reichlich. Zum Teil waren es mehr oder weniger kleine Mischlinge, aber dann traf man auch auf gewaltige Höllentiere mit gelben, funkelnden Augen, um die wir einen Bogen schlugen, obgleich sie Menschen gegenüber harmlos zu sein schienen, jedenfalls am Tage.

Einmal beobachteten wir weitab vom nächsten Dorf oder Haus zwei etwa spanielgroße Mischlinge, eine Hündin mit großem, herabhängendem Gesäuge und einen Rüden, die in einiger Entfernung zügig durch die Landschaft trabten. Wir verloren sie zunächst aus den Augen, aber dann kamen sie in umgekehrter Richtung zurück, und die Hündin trug ein Kaninchen im Fang. Damit war sie vermutlich auf dem Weg zu ihren Welpen, die in irgendeiner Höhle lagen. Solche Hunde würden natürlich auch junge, noch flugunfähige Kragentrappen oder andere Vogeljunge als willkommene Beute betrachten.

Kragentrappen waren in früheren Zeiten auf Fuerteventura sehr häufig gewesen, dann aber durch Jagd und andere Verfolgung fast ausgerottet worden. Es gab sie auch in manchen Gegenden in Nordafrika, aber hier auf Fuerte lebte eine besondere, dem häufig dunklen Lavaboden farblich angepaßte Rasse. Die Vögel waren sehr scheu, und um sie zu entdecken, mußte man gute Augen und viel Glück haben und ein gewisses Gespür, wo sie sich aufhielten. Wir hatten das Glück und sahen in den drei Wochen einen Hahn, drei Hennen, einige flügge Jungtrappen und zweimal auch Dunenjunge.

Solange die Jungen noch nicht flügge waren, aber schon ein richtiges Federkleid trugen, liefen sie vor einem davon und drückten sich dann an den Untergrund, meist am Rand eines kleinen Busches. Sie dann zu finden war fast unmöglich, weil das dunkel und hell gemusterte Gefieder mit der Farbe des Bodens derart gut übereinstimmte, daß es eine perfekte Tarnung ergab. Ich stand einmal zwei Meter vor einer jungen Trappe und hätte sie übersehen, wäre mir nicht plötzlich das runde gelbe Auge aufgefallen, das mich unter den Zweigen heraus anblickte. Dabei sind die Kragentrappen immerhin so groß wie Hühner, mit langem Hals und langen Beinen.

Die wenigen Trappen, die es auf Fuerte noch gab, waren also stark bedroht, und Hunde, wie die eben geschilderten, bedeuteten eine nicht zu unterschätzende Gefahr.

Für die weit kleineren, etwa drosselgroßen Rennvögel waren die Überlebenschancen auf der Insel besser. Wir fanden viele von ihnen, Altvögel und Dunenjunge, und stellten fest, daß sie fast ohne Ausnahme auf den hellen, sandigen Flächen vorkamen und nicht auf den dunklen, auf denen das Lavagestein vorherrschte. Die Vögel selbst waren auch hell gefärbt, isabellfarben, mit einem schmalen dunklen Augenstreif und sahen sehr elegant aus. Und das Dunenkleid der Küken glich in seiner Farbe ebenfalls dem hellen Boden, was sicher der Grund dafür war, daß die Rennvögel hier brüteten.

Ihren Namen hatten sie zu Recht, denn sie konnten unglaublich schnell über die weiten Flächen dahinrennen, wobei die Bewegung der Beine nicht zu erkennen war.

Wenn wir Junge gefunden hatten, wogen wir sie und vermaßen die Bein- und Schnabellänge, um später damit ihr ungefähres Alter bestimmen zu können. Und wir fotografierten sie auch. Aber an die Altvögel kamen wir nicht nahe genug heran, um sie ebenfalls abzulichten. Da fiel mir ein Trick ein, den ich früher schon manchmal angewendet hatte. Ich sagte zu Claudia: »Wir brauchen ein Sieb!«

»Ein was?«

»Ein Sieb, ein Küchensieb. Da setzen wir die Küken drunter, dann können sie nicht zu den Alten laufen, wenn die aus der Entfernung locken, und die Alten müssen zu den Jungen kommen. Wir bleiben im Wagen nahe genug am Sieb mit den Jungen, und dann klappt das!«

Am Abend kauften wir ein grünes Küchensieb und stülpten das den nächsten Rennvogelkindern über. Die Sache funktionierte prächtig, und wir bekamen unsere Fotos.

Schani fand unsere lange Sitzerei im Wagen eher langweilig, aber geduldig und genügsam wie er nun einmal war, blieb er friedlich und störte nicht durch Herumhampeln. Es war bei dem strammen Wind ohnehin schon schwierig genug, den Fotoapparat mit dem großen Teleobjektiv ruhig zu halten, weil der ganze Wagen wackelte.

Die größten Vögel, denen wir auf Fuerte begegneten, waren Schmutzgeier. Sie kreisten meist in beträchtlicher Höhe im Aufwind und hielten nach totem Getier Ausschau. Wahrscheinlich nach toten Ziegen. Das brachte uns auf die Idee, einen Köder auszulegen, damit wir auch einige Bilder von Geiern machen konnten.

Wir brauchten einen Köder, einen nicht zu kleinen. Aber woher nehmen?

Eines frühen Morgens, als wir wieder in unser Beobachtungsgebiet fuhren, lag neben der Straße eine offenbar nachts angefahrene junge Ziege. Das war es! Sie war unser Geierköder. Nur wollten wir sie nicht gleich mitnehmen, sondern erst ein Versteck für uns vorbereiten und sie dann am nächsten Morgen dort hinbringen.

Abends, auf der Heimfahrt, lag die tote Ziege noch da, wo wir sie am Morgen gesehen hatten. Bei Dunkelheit machte ich mich auf, einen großen Plastiksack zu suchen, und wurde auch bald fündig, weil es auf der Insel leider kaum etwas gab, das nicht in der Landschaft herumlag, vom Plastiksack bis zum alten Kühlschrank.

Am nächsten Tag standen wir sehr früh auf und fanden unsere Ziege an Ort und Stelle. Sie stank inzwischen ziemlich stark. Wir packten sie mit Handschuhen in den Sack, Claudia hielt ihn zwischen ihren Beinen und versuchte ihn möglichst luftdicht zu verschließen, was kaum etwas nützte. Wir rissen alle Wagenfenster auf und fuhren so schnell wie möglich, damit der Duft nach hinten verwirbeln konnte. Schani, der auf dem Rücksitz das meiste davon in die Nase bekam, sah nicht sehr glücklich aus. Und wenn er sonst auch manchmal kleinere stinkende Tierleichen dazu benutzte, um sich schnell einmal einzuparfümieren – das war ihm nun doch zu viel des Guten.

Wir schafften den Weg bis zu unserem vorbereiteten Versteck, ohne in Ohnmacht zu fallen, legten, dort angekommen, den Kadaver in angemessener Entfernung aus und hofften, daß wir bald prachtvolle Geieraufnahmen würden machen können. Das wurde leider nichts. Kein Schmutzgeier ließ sich im näheren oder weiteren Umkreis unseres köstlichen Köders blicken, an diesem Tag nicht und auch nicht in den nächsten Tagen. Entweder fanden sie auf der Insel genügend tote Ziegen und waren satt, oder die unsere stank selbst für einen aasfressenden Geier mehr, als er ertragen konnte.

17
Denkwürdige Begegnung

Wir machten mal einen Tag Pause. Immer nur Rennvögel und Trappen und anderes Getier, das war zwar spannend, aber wir hatten uns auch einmal einen ruhigen Tag verdient.

Claudia wollte lesen. Ich nahm meinen Hund und wanderte einfach den Strand entlang. Sand und Dünen. Von den höchsten blies der Wind eine Sandfahne in die Höhe und ließ dann den Sand auf die Straße fallen, die allmählich zugeweht wurde. Ein überdimensionales Bild einer Kragentrappe mitten in der Landschaft wies darauf hin, daß hier das Trappenschutzgebiet begann. Nur hielt sich keiner daran. Die Touristen fuhren mit ihren Jeeps durch Sand und Hügel und scherten sich einen Dreck um das Schutzgebiet. Dies war auch die einzige Stelle, an der wir nie eine Trappe sahen.

Schani, eidechsenscheuchend, lief vor mir her. Uns entgegen kam eine Gestalt weiblichen Geschlechts, soweit sich das auf die Entfernung ausmachen ließ, und ein Hund war auch dabei. Ein Zottelmonster unbestimmter Abstammung, doch ziemlich groß. Er stürmte herbei. Schani verhielt und wartete ab. Wie wir inzwischen wissen, waren ihm stürmische, große und unbekannte Hunde nicht angenehm. Sie konnten ihm Unannehmlichkeiten machen, und dazu war Schani nicht bereit.

Er ging beiseite, wandte sich nach rechts, untersuchte einen Dornenbusch, tat sehr beschäftigt und geschäftig und ignorierte den Zotteligen vollkommen.

Der kam zu mir, untersuchte mein Hosenbein, und die Dame näherte sich auch.

Ich sagte – man muß da ja einfach etwas sagen, wenn man sich an einem einsamen Strand trifft, kann nicht wortlos aneinander vorübergehen – »Guten Tag«. Oder »Grüß Gott«, das weiß ich nicht mehr so genau.

Die Dame, die ich nicht kannte, sagte: »Sie kenne ich!«

Sieh mal einer an. Woher denn?

»Pardon«, sagte ich – viel zu gestelzt am Dünenstrand in Fuerte, aber Besseres fiel mir wohl nicht ein, »Sie kennen mich?«

»Ja, Sie sind doch der aus dem Fernsehen!«

Fünfzehn Jahre früher hatte ich einige Fernsehfilme über alle möglichen Tiere kommentiert. Paradiese der Tiere hieß die Sendung. Das konnte kaum möglich sein.

»Sie sind doch der Professor aus den Paradiesen, oder stimmt das nicht?«

Schani war herbeigekommen und schnüffelte bewußt uninteressiert am Hinterteil des Zottelhundes. Der machte die Beine breit und ein Pfützchen. Also war es eine Hündin, und Schani bekundete verhaltenes Interesse.

»Woher wissen Sie das?« fragte ich.

»Ach, ich habe Sie mehrmals gesehen. Im Fernseher, wissen Sie! Ich bin, äh, ich bin in einer Autobahnraststätte in der Toilette tätig, und da habe ich nachts viel Zeit zum Fernsehen. Hätte nie gedacht, daß ich Sie einmal persönlich treffe!«

Da ging sie hin mit ihrem Hund.

Da gehst du mit deinem Hund an einem sonnigen Morgen am Strand von Fuerteventura spazieren und denkst an nichts Böses – und triffst eine Klofrau, die dich erkennt, weil du vor fünfzehn Jahren über den Bildschirm geflimmert bist. Es darf ja wohl nicht wahr sein. Manche Menschen müssen ein Gedächtnis haben wie ein Bumerang, es kommt immer wieder zurück. Phänomenal.

Schani, sagte ich zu meinem Hund, wenn du wüßtest, was für ein berühmtes Herrchen du hast, du würdest auf der Stelle einen Purzelbaum schlagen.

Das tat er nicht, aber er wedelte mit seiner Rute, und das hieß immerhin auch soviel, als wäre er mit mir einverstanden.

Als wir zurückkamen und ich Claudia die Geschichte erzählte, sagte sie: »Sei froh!«

»Worüber?«

»Daß dich wenigstens eine Klofrau erkannt hat!« Sie konnte so liebreizend sein, meine Frau.

Der kleine Fischerhafen hatte ein einziges Restaurant. Es gab dort gegrillten Fisch und Salat, und beides schmeckte köstlich. Aber eine Menge Katzen hatte es auch.

Nun war es etwas schwierig, diese Katzen und Schani unter einen Hut zu bringen. Weil Schani Katzen nicht mochte. Überhaupt nicht und noch nie.

Die Katzen saßen unter dem Tisch, Schani saß unter dem Tisch, und das konnte nicht gutgehen.

Die Katzen fanden Schani vielleicht komisch, weil sie gewohnt waren, daß fuerteventurische Hunde die Schwänze einzogen, wenn sie ihre Krallen schärften, aber Schani fand die Katzen gar nicht komisch. Er fand sie zum Kotzen.

Und so spuckte er erst einmal seine letzte Mahlzeit unter den Tisch. Sehr zum Mißfallen der anderen anwesenden Gäste. Es würgte ihn einfach in Anwesenheit der Katzen.

»Dein Hund kotzt«, sagte ich zu meiner Frau. Leise natürlich.

»Mein Hund? Es ist dein Hund!«

»Okay, ob dein Hund oder mein Hund oder unser Hund, er kotzt unter den Tisch! Die Nachbarn schauen schon.«

»Laß sie doch schauen«, sagte Claudia. »Manch einer hat schon einen Hund kotzen sehen oder ein Pferd!«

Ich war sehr froh, daß wir nur einen Hund hatten, ließ meine Serviette verschämt zu Boden gleiten und entfernte die Geschichte diskret mit dem Fuß auf die Seite in die Abfallrinne.

Eigentlich hatte Schani einen starken Magen. Unwohlsein war ihm weitgehend unbekannt. Nur einmal, vor Fuerte, war ihm schlecht geworden. In einem noblen Café. Da saß ich mit einem guten Freund, wir spachtelten den Kuchen in uns hinein, und der Hund lag unter dem Tisch. Plötzlich rülpste er ein bißchen, und dann lag da auch schon die Bescherung auf dem Teppich. Peinlich! Wir vertuschten die Sache mit Papiertaschentüchern und Servietten und gaben reichlich Trinkgeld, obwohl keiner etwas bemerkt hatte.

Und nun kotzte er ausgerechnet in unserem Urlaub auf Fuerte zum zweitenmal. Blöder Hund, blöder. Mit all diesen Vornehmtuern rundherum. Ich schämte mich für meinen Hund. Aber der fand es völlig in Ordnung. Was raus muß, muß raus, und hinterher fühlt man sich so richtig wohl. Schani streckte sich und reckte sich, grunzte vor Behagen, giftete noch einmal die Katzen an, die sich langsam verzogen, weil sie merkten, daß sie es da mit einem Festlandshund zu tun hatten, und den Platz frei machten unter dem Tisch. Der Friede war gewahrt.

Wir zahlten und hinterließen auch hier genügend Trinkgeld, um bei einem späteren Besuch nicht verscheucht zu werden, stiegen in unseren inzwischen stark verstaubten und verdreckten Suzuki und fuhren die Piste am Strand entlang ins Gelände zu den Trappen.

Die drei Wochen vergingen viel zu schnell. Wir hatten zwar eine Menge erlebt, gesehen und fotografiert, aber die Zeit reichte natürlich nicht im geringsten aus, um auch nur einigermaßen die Brutbiologie und das Verhalten der Vögel, die uns interessierten, zu erfassen. Man würde dazu wiederkommen müssen.

Dem Rückflug sah ich etwas gelassener entgegen, und als wir am frühen Nachmittag die Straße nach Rosario entlangfuhren, pfiff ich vor mich hin.

»Du pfeifst ja«, sagte Claudia. »Keine Flugangst?«

»Keine Flugangst wäre übertrieben, aber wenigstens weiß ich jetzt, daß es Schani nichts ausmacht!«

Der saß wieder hinten zwischen all den Koffern und Taschen und betrachtete die Landschaft durch das offene Fenster.

»Du hast doch hoffentlich noch Pillen für uns«, fragte ich Claudia.

»Ja, reichlich!«

»Schön. Und zu trinken wird es ja auch geben, im Flieger!«

»Sicher, und da wir erst um elf Uhr nachts in Hamburg ankommen und abgeholt werden und du nicht fahren mußt, kannst du picheln«, sagte sie.

In der Abfertigungshalle am Flughafen trafen wir

einige alte Bekannte, die mit uns schon hergeflogen waren, und Schani wurde von den Kindern, aber auch von ein paar Erwachsenen begrüßt wie ein umschwärmter Globetrotter.

»Na«, hieß es, »hat es Ihrem Hund gefallen auf der Insel, war er brav?«

»Ja«, sagte ich, »gefallen hat's ihm sehr. Er hat nur mindestens ein Pollo ins Jenseits befördert, vielleicht auch eine Ziege, ohne daß wir es mitbekamen, sämtlichen Katzen das Dasein unerträglich gemacht und in ein vornehmes Restaurant gespuckt. Aber sonst war er brav!«

Unsere LTU-Maschine flog nicht, weil sie bestreikt wurde. Man stellte uns einen kanarischen Ersatzflieger, was meinen Puls schon wieder beschleunigte. Sicher war der nicht richtig gewartet worden in der Schnelligkeit. Klapperig genug sah er sowieso aus. Und wahrscheinlich zog es im Laderaum, und die Temperaturregelung funktionierte nicht. Na ja, wenigstens ging es Richtung Zuhause, ins vertraute Nest.

Schani kroch in seine Box, ich verriegelte das Türchen, und dann rollte er schon auf einer Elektrokarre hinaus zum Flugzeug. Wir traten den Weg dorthin ebenfalls an, das ging hier wesentlich schneller und unkomplizierter als auf den großen Flughäfen. Dann hoben wir ab, sahen Fuerte noch einmal von oben und das Meer rundherum und einige von den anderen Inseln. Ich dachte im stillen: Atlantik, nicht Mittelmeer, Kanaren, nicht Balearen. Schlaf gut, da unter uns, mein Hund. Und war nicht der einzige Passagier, der von der Mitteilung erfreut wurde, daß wir zu trinken ordern könnten, was wir wollten. Kostenlos, als Entschädigung für den falschen Flieger.

18
Epilog

Ich hatte die Geschichte unseres Hundes etwa zur Hälfte aufgeschrieben, als Schani starb.

Er lief vor ein Auto, nahe bei unserer Wohnung, und war sofort tot. Das Manuskript blieb in der Schublade, und erst nach vier Jahren war ich soweit, daß ich das Buch zu Ende bringen konnte.

Was war geschehen?

Eine winzige Unachtsamkeit von mir und eine große Gedankenlosigkeit eines anderen Hundebesitzers verursachten das Unglück.

Im Park vor unserer Wohnung gab es immer wieder einmal läufige Hündinnen. Das war ganz natürlich, und die Besitzer solcher heißen Hundedamen suchten sich dann weit außerhalb des Parkes liegende Orte, wo sie ihre im wahrsten Sinne des Wortes heißbegehrten Hunde laufen ließen. Es war ein Tabu, mit läufigen Hündinnen durch den Park zu gehen, weil alle Rüden verrückt wurden und nicht mehr zu halten waren.

Ein Rüde, der die Spur einer läufigen Hündin in der Nase hat, ist nicht mehr der Hund, der er normalerweise ist, er dreht einfach durch, folgt nicht mehr, vergißt alle gewohnten Spielregeln und kennt nur mehr eines: hinterher!

Und die Rüden wissen haargenau, welche Hündin die heiße Hündin ist, auch wenn der Wind in die andere Richtung steht. Sie erkennen sie optisch, und so schnell, wie sie da sind, kann man sich mit seiner Hundedame gar nicht retten.

Schani wußte also auch stets, daß eine Hündin läufig war im Park, welche Hündin läufig war und ob sie gerade im Park war. Und ich wußte es auch und paßte auf. Und nachts saß Schani in der Wohnung und fiepte vor Sehnsucht vor sich hin. Schlafraubend.

Eine kleine, wuselfellige, kaum dackelgroße Mischlingshündin war heiß und wurde allen Regeln zum Trotz durch den Park geführt. Die Rüden spielten verrückt.

Ich wußte es, Schani wußte es, natürlich.

Ich hatte ihn scharf im Auge bei allen unseren Gängen, er folgte ja perfekt, er ließ sich ja auch von einer heißen Hündin noch abpfeifen.

Ein Morgengang im April, kurz vor Schanis sechstem Geburtstag.

Er hatte seinen verglasten Blick, nur das eine im Kopf, aber er war dicht bei mir, und ich ließ ihn auch nicht weit fort.

Wir waren schon auf dem Heimweg, da kam mir Hanna mit ihrer Kaschka entgegen, und wie das so ist mit alten Hundefreunden, blieben wir einen Augenblick stehen, um uns zu begrüßen.

Sekunden später nur merkte ich, daß Schani weg war und rannte los. Ich rief Hanna noch zu: »Geh du in die andere Richtung, Schani muß hinter der heißen Hündin her sein!« und machte mich auf die Suche. Traf nach vielleicht fünf Minuten eine andere Hundebesitzerin und fragte, ob sie Schani gesehen habe.

»Nein«, sagte sie, »aber da ist eben ein Hund überfahren worden, da drüben!«

Ich kam dorthin, und da lag er und war tot, und die Polizei war schon da und ein Tierarzt auch, gerufen von Menschen, die Schani und mich kannten und einfach wußten, was zu tun war. Es war nichts mehr zu tun.

Der Schock traf mich wie ein Blitzschlag. Ich nahm den Hund auf, trug ihn zu meinem Wagen und fuhr noch zu einem Tierarzt, mit dem wir befreundet waren. Er war tot, von außen keine Verletzung zu sehen, aber wohl innerlich verblutet.

»Wo willst du ihn begraben?« fragte der Freund.

»Bring ihn, wohin du willst«, sagte ich, und er rief dann Julian an, meinen Sohn, weil er Schani nicht in die Abdeckerei bringen wollte. Und Julian begrub ihn im Garten unseres alten Hauses im Dorf vor der Stadt. Da lagen schon manch andere Hunde von mir.

Schani war, wissend, daß ich durch das Gespräch mit Hanna abgelenkt war, auf und davon. Fand die läufige Hündin und ihren Besitzer. Machte sich von hinten an sie heran, und die drei überquerten die vielbefahrene Straße als eine Einheit.

Drüben verschwanden die heiße Hündin und ihr Herr im Haus, machten die Tür zu und ließen Schani draußen. Ich erfuhr das alles später.

Schani, derart ausgesperrt vom Ziel seiner Wünsche, wollte nun zurück zu mir, überquerte allein die Straße und wurde überfahren.

Das hätte nicht sein müssen.

Das wäre vermeidbar gewesen, mit etwas mehr Verstand und hündischem Einfühlungsvermögen des Besitzers der läufigen Hündin. Der mich kannte, der wußte, daß ich ein paar Häuser weiter wohnte, der nur meinen Hund in sein Haus hätte lassen müssen, mich oder meine Frau anrufen und sagen: »Holen Sie Ihren Hund ab, der sitzt da in meiner Wohnung.«

Ich ging nach Hause und wartete auf Claudia und mußte ihr sagen, Schani ist tot. Wir konnten es beide nicht begreifen, nicht an diesem Tag und nicht in den folgenden Tagen und Wochen. Und ahnten nicht, daß am fünfzehnten April desselben Jahres eine kleine Münsterländer-Hündin geboren wurde.

Unser nächster Hund, ein anderer Hund. Kein Hund wie Schani, aber auch wieder eine Freude.